# 科学新世界

# 地球

魏辅文 / 主编　智慧鸟 / 绘

吉林科学技术出版社

图书在版编目（CIP）数据

科学新世界. 地球 / 魏辅文主编. -- 长春 ：吉林
科学技术出版社，2023.10
ISBN 978-7-5744-0847-0

Ⅰ. ①科… Ⅱ. ①魏… Ⅲ. ①科学知识—儿童读物②
地球—儿童读物 Ⅳ. ①Z228.1②P183-49

中国国家版本馆CIP数据核字(2023)第178888号

## 科学新世界　地球
KEXUE XIN SHIJIE　DIQIU

主　　编　魏辅文
出 版 人　宛　霞
责任编辑　石　焱
幅面尺寸　170 mm×240 mm
开　　本　16
字　　数　100千字
印　　张　8
页　　数　128
印　　数　1-6 000册
版　　次　2023年10月第1版
印　　次　2023年10月第1次印刷

出　　版　吉林科学技术出版社
发　　行　吉林科学技术出版社
地　　址　长春市福祉大路5788号出版大厦A座
邮　　编　130118
发行部电话/传真　0431-81629529　81629532　81629535
　　　　　　　　　　　81629530　81629531
储运部电话　0431-86059116
编辑部电话　0431-81629380
印　　刷　长春新华印刷集团有限公司

书　　号　ISBN 978-7-5744-0847-0
定　　价　39.80元

# ·前言·

　　亲爱的小读者们，欢迎翻开这套有趣的丛书！在这里，你将会了解到关于生物、人体、地球和宇宙的各种奥秘。书中将会探索古代生物的演化历史，从最早的单细胞生物到现今的各种动物，让你了解生命的起源和多样性。这套书还会带你进入人体的神奇世界。你将会学习到关于身体各个器官的功能和特点，并且了解到如何保持健康的小窍门。随后，让我们一起探索地球和自然的奥秘，例如撒哈拉大沙漠的起源、海洋中的五彩斑斓和各种动植物的生态环境。最后，再一起去宇宙中看看吧！包括行星、恒星和黑洞等未解之谜。你将会了解到关于宇宙的各种新鲜知识和生动故事。相信你将会在这里收获很多有趣的经验和知识，拥有一段美好的阅读时光！

# 目录

# 目录

# 目录

# 宇宙来源于一次大爆炸

早在 137 亿年前，宇宙就诞生了。它的形成离不开一次大爆炸。

## 猛烈的大爆炸

在宇宙形成之初，发生了一场突如其来的、规模巨大的能量爆发，以致温度极高。紧接着，宇宙在短时间内不断扩张并渐渐冷却，为宇宙中粒子的结合提供了条件。

## 恒星和行星是微粒结合而成的

能量大爆炸的最初，因为温度过高，并没有物质存在。随着温度的冷却，形成了非常简单的粒子——夸克和胶子。夸克和胶子结合成更大的粒子，更大的粒子又不断地结合，形成了原子。数不胜数的原子继续结合，就形成了恒星和行星。

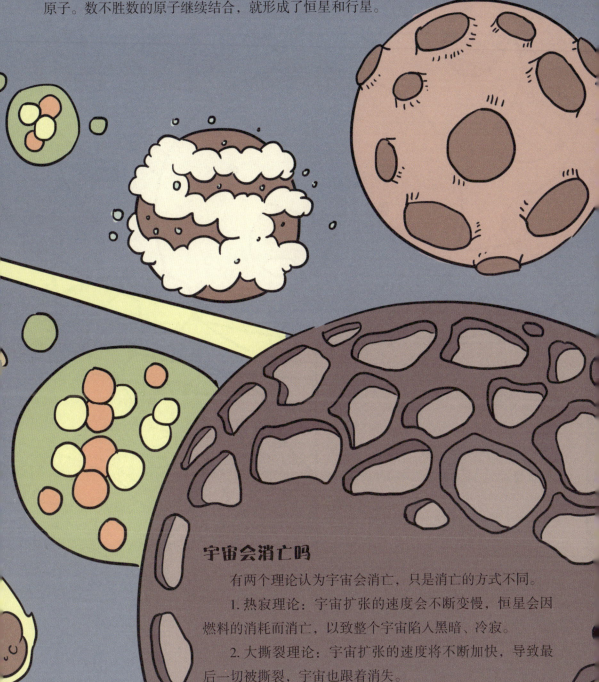

### 宇宙会消亡吗

有两个理论认为宇宙会消亡，只是消亡的方式不同。

1.热寂理论：宇宙扩张的速度会不断变慢，恒星会因燃料的消耗而消亡，以致整个宇宙陷入黑暗、冷寂。

2.大撕裂理论：宇宙扩张的速度将不断加快，导致最后一切被撕裂，宇宙也跟着消失。

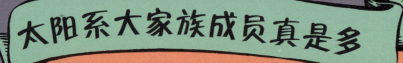

# 太阳系大家族成员真是多

太阳系是宇宙无数星系中的一个，它包括恒星太阳，以及被太阳强大的引力吸引而绕其运转的行星、卫星、彗星、太空小岩块等。

水星

## 太阳系的"大家长"
## ——太阳

太阳是太阳系的中心，它由炽热的气体构成，质量巨大，大约是地球的33万倍。它的表面温度很高，可达6000K，其向外喷射巨大的能量气流，温暖着周边的"小成员"。

木星

天王星

## "守规矩"的行星

太阳系中的八大行星与太阳的距离远近不一，各自安分地按照自己的轨道绕着太阳运转。

其中天王星和海王星距离太阳最远，获得太阳的能量最少，所以最"冷"。而水星、金星、地球和火星则由固态岩石或稀薄的大气层组成。木星和土星则由较小的岩石内核和包裹着它的厚厚的气体组成。

月球

金星

地球

### 小行星和"长尾巴"彗星

小行星比行星小很多，是由岩石、铁、镍组成的块体。

彗星由冰和尘埃组成，常常拖着一条长长的"尾巴"（由尘埃和气体组成），当它们运行到太阳近处时，会炸裂开来。

火星

土星

海王星

# 地球是怎么变成现在这个样子的

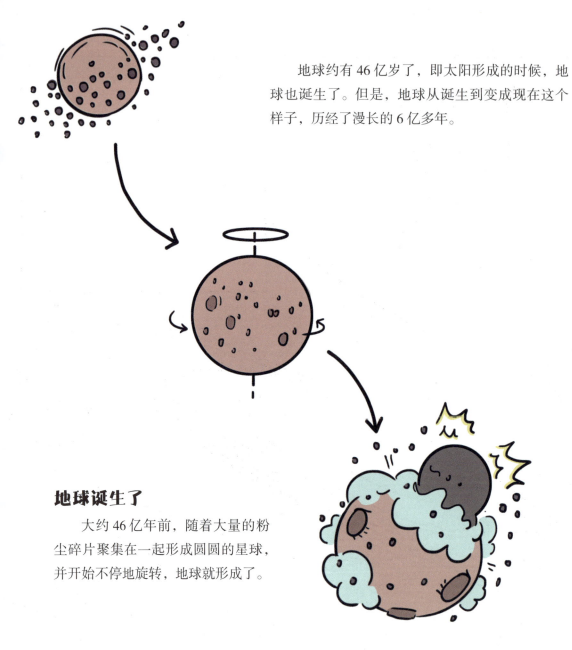

地球约有 46 亿岁了，即太阳形成的时候，地球也诞生了。但是，地球从诞生到变成现在这个样子，历经了漫长的 6 亿多年。

**地球诞生了**

大约 46 亿年前，随着大量的粉尘碎片聚集在一起形成圆圆的星球，并开始不停地旋转，地球就形成了。

14

## 大陆来源于滚滚的岩浆

地球诞生之初，与周边数不胜数的行星不断地碰撞，产生的热量导致地球温度升高，直至将地球表面熔融，形成了滚滚的岩浆。

慢慢地，地球周边的行星少了，地球渐渐安静下来，表面的温度也开始下降。岩浆渐渐凝固为岩石层，然后断裂形成了大陆。

## 一场停不下来的大雨

地球温度的降低，导致地球上的气体凝结成云层，在陆地温度超过100摄氏度的时候，下了一场持续很多年的大雨，从而慢慢形成了海洋。

大约40亿年前，这场雨停了下来，地球渐渐变成了现在的模样。

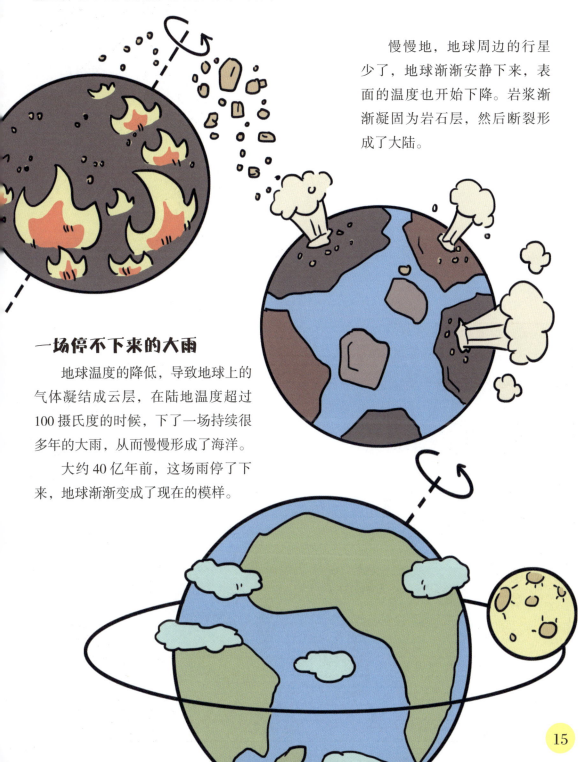

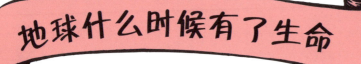

大约在 35 亿年前，地球上出现了生命。32 亿年前，地球上最早的"居民"是一些极其简单的单细胞生物，它们是地球的主人。

约 4.4 亿年前，地球上开始出现鱼类。鱼类等水生生物逐渐一统天下。

约 3.5 亿年前，鱼类中进化出了更高等的两栖类生物，生命由此开始从海洋走向了陆地。

约 4.1 亿年前

志留纪

泥盆纪

约 4.38 亿年前

奥陶纪

约 4.9 亿年前

寒武纪

约 5.42 亿年前

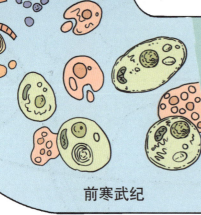

前寒武纪

6500 万年前，生物大灭绝。恐龙，这些体形各异的史前动物，一下子全部灭绝了。而那个时代，体形远小于恐龙的一部分古代哺乳类、爬行类和鸟类，却生存了下来，其中一部分哺乳类还进化成了更高等的灵长类动物。

约 250 万年前，高级灵长类古猿中的一部分逐渐进化成了早期的人类。

2 亿年前巨型爬行动物恐龙开始兴盛起来，成为地球上的霸王。地上、水里、空中……都是恐龙的天下。

2.5 亿年前，占领陆地的两栖类衰落了，更高等的爬行动物逐渐取代两栖类，成为地球上最兴盛的生物。

约 3.54 亿年前

石炭纪

约 2.95 亿年前

二叠纪

约 2.5 亿年前

三叠纪

约 2.05 亿年前

侏罗纪

约 1.37 亿年前

第四纪

约 260 万年前

第三纪

约 6500 万年前

白垩纪

17

# 从卫星上看地球为何是蓝色

宇宙飞船所拍摄的地球照片和宇航员在太空中亲眼所见的地球形态表明，地球是一个蓝色星体，为什么会这样呢？

从地球上海洋与陆地的面积大小来看，地球表面积为 5.1 亿平方千米，而海洋就占了地球表面积的 71%，相当于陆地面积的 2.5 倍。

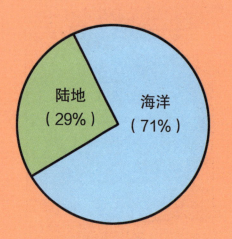

陆地（29%）　海洋（71%）

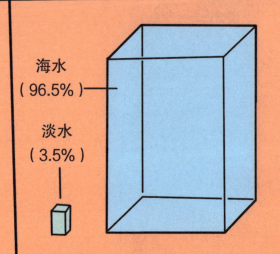

海水（96.5%）

淡水（3.5%）

地球上海洋的平均深度将近 4000 米，蓄积水量达 133.8 亿立方米，占地球水圈总水量的 96.5%。

南半球、东半球和西半球的海洋面积也都比陆地大。这些数据表明，在地球的任何部位海洋都是主体，地球其实是一个"水球"。

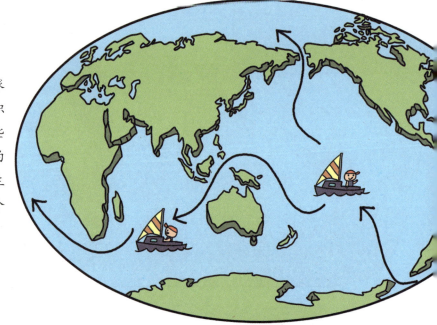

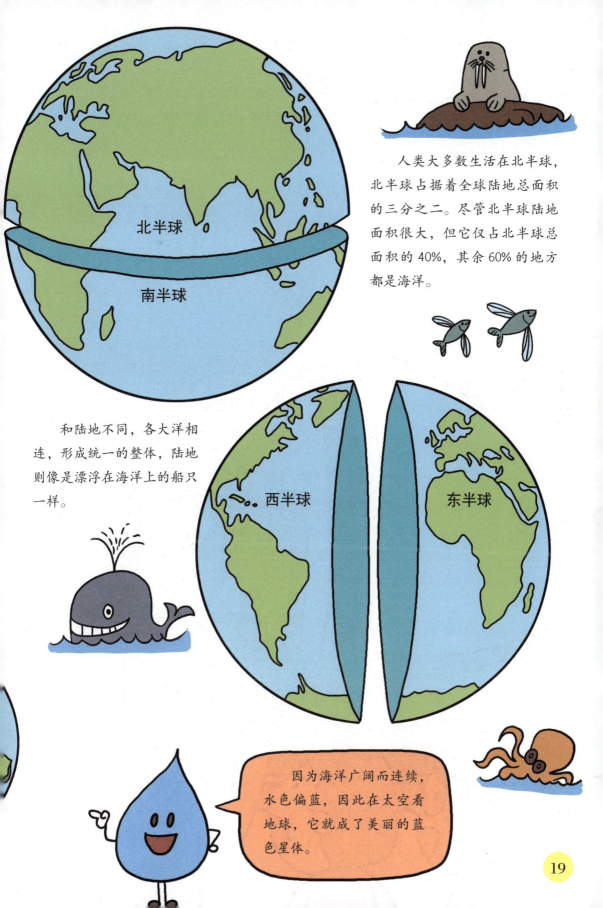

北半球

南半球

人类大多数生活在北半球，北半球占据着全球陆地总面积的三分之二。尽管北半球陆地面积很大，但它仅占北半球总面积的40%，其余60%的地方都是海洋。

和陆地不同，各大洋相连，形成统一的整体，陆地则像是漂浮在海洋上的船只一样。

西半球

东半球

因为海洋广阔而连续，水色偏蓝，因此在太空看地球，它就成了美丽的蓝色星体。

# 地球内部有秘密

地球是太阳系中质量最大、唯一有海洋的岩石质行星。它的最外层被称作地壳，从地球表面一直延伸到海底，厚厚的一层。那它的里面是什么样子的呢？

## 坚硬的地幔

地幔是地壳和地核之间的中间层，平均厚度为 2800 余千米。

地幔

## 地球是个巨大的磁体

地核的主要成分是铁、镍等元素。这些元素是在地球形成之初沉淀下来的。而外核中的液态铁、镍可以流动，以致地球变成了一个巨大的磁体。

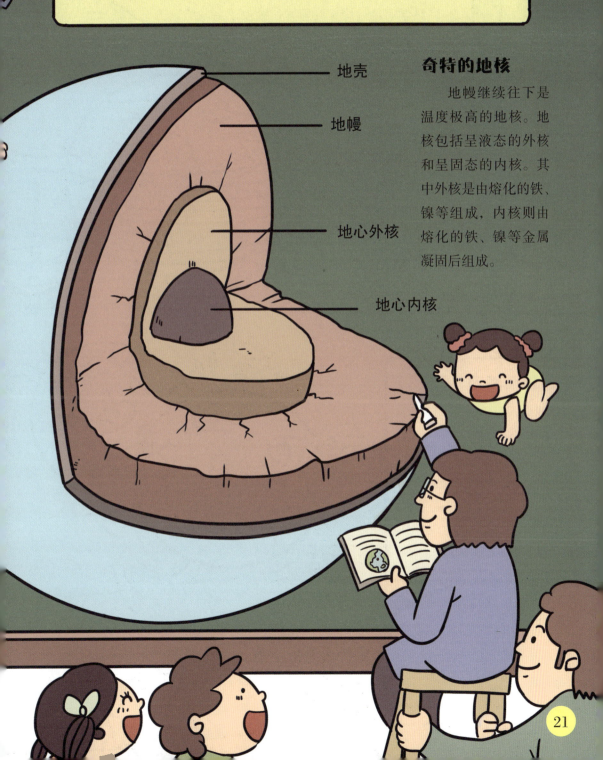

地壳

地幔

地心外核

地心内核

## 奇特的地核

地幔继续往下是温度极高的地核。地核包括呈液态的外核和呈固态的内核。其中外核是由熔化的铁、镍等组成，内核则由熔化的铁、镍等金属凝固后组成。

# 地球为什么是旋转着的

地球无时无刻不在旋转，自转一周大约要24小时，那它为什么是旋转着的呢？对此，很多科学家经过漫长的探索，提出了地球的旋转与行星撞击有关的假说。

## 因碰撞而转动

假说认为，地球在形成之初，质量不大，由于和四面八方的行星发生撞击，又没有其他东西支撑，所以就像受到撞击的陀螺一样，围绕自身的中心旋转起来。旋转的方向会因撞击的方向不同而不断变化。

## 转动的方向固定了

　　随着地球与更多的行星撞击并聚结在一起，地球质量变得越来越大，即使与周边的小行星发生碰撞，旋转方向受到的影响也不大，渐渐就按照一定的方向不停地旋转，并一直保持到现在。

## 其他行星也在旋转着

　　太阳系的其他行星也在绕着自身的中心不停地旋转着，只是旋转的速度各不相同。其中土星旋转得最快，约 10 个小时就旋转一周，火星的自转速度与地球相当，约24 小时旋转一周，水星约 58 天旋转一周，金星约 243 天旋转一周。

23

# 地球为什么要做太阳的"小跟班"

过去，人们一直认为地球是宇宙的中心，天体都在围绕地球转；现在，大家都知道其实地球是围绕太阳转的。那么，地球为什么会围绕太阳转，甘愿做个"小跟班"呢？让我们来了解一下。

## "个头"大，引力大

太阳是位于太阳系中心的恒星，直径大约是139万千米，相当于地球直径的109倍；体积大约是地球的130万倍；质量大约是地球的33万倍，根据万有引力规律，质量大的物体，引力也大。太阳引力表现为向心力，一直想把地球拉扯到它的怀抱。

## 地球为何没被太阳"吸"过去

地球在自转和公转的过程中，产生了一种想挣脱太阳引力的离心力。这种力量和太阳引力正好抵消了。就比如我们手握一条链子，链子另一端拴着一个球。如果甩动链子让它转圈，那球就会随着链子转动。

这样，地球也逃不掉，太阳也拉不过去。这种平衡让地球平稳地围着太阳转动。

当然了，地球也有一个"小跟班"，那就是月球。

25

# 地球上总是同时存在白天和黑夜

地球本身不发光，也不透光，被太阳照到的地方是白天，而没被照到的地方就是黑夜。同一时刻，地球上总是既有白天，又有黑夜。

## 白天、黑夜不断交替的秘密

地球在不停地转动着，向着太阳的那一面是白天，背对着太阳的那一面是黑夜。地球每自转一圈，地球上几乎各个地方都经历了面向着太阳和背对着太阳的时候，这样就有了一次白天、黑夜的交替。地球不停地转，白天和黑夜就不断地有规律地交替着。

北极

## 极昼与极夜

当地球绕着太阳运动的时候，地轴永远保持着相同的倾斜角度和方向。

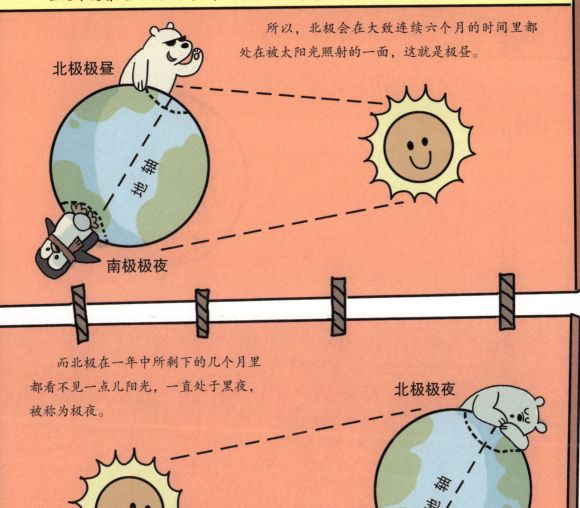

所以，北极会在大致连续六个月的时间里都处在被太阳光照射的一面，这就是极昼。

北极极昼

南极极夜

而北极在一年中所剩下的几个月里都看不见一点儿阳光，一直处于黑夜，被称为极夜。

北极极夜

南极极昼

南极恰恰相反，就是当北极进入极昼的时候南极是极夜，而北极进入极夜的时候南极正好是极昼。假如地球不自转，单单只有公转，那么昼夜也会发生交替，只不过完成一次交替需要一年的时间。

# 一个地方可以同时拥有四季吗

除了有白天和黑夜的交替外，地球上还有气候的变化，大部分地区都在进行春夏秋冬的更替。那一个地方可以同时拥有四季吗？

在回答这个问题之前，我们先来了解一些地球知识吧。

## 地球小知识

地轴：地球围绕地轴自转，地轴并不真实存在，是假想的线，并且贯穿南北两极。

北极：地轴的最北端。

南极：地轴的最南端。

赤道：南、北半球分界线，是一条假想的线。

北半球：赤道以北的部分。

南半球：赤道以南的部分。

## 四季源于地球绕着太阳旋转

地球除了自身在转动外，还倾斜着身子绕着太阳旋转，大致需要一年的时间才能绕太阳旋转一圈。随着这样的旋转，太阳直射地球的位置在发生变化。当太阳直射北半球时，北半球因接受的热量多而温度高，为夏季。而这时，南半球未被太阳直射，温度低，为冬季。接着，太阳慢慢变为直射南半球，南半球进入夏季，而北半球则进入冬季。春季和秋季是过渡季节。因此，一个地方不可能同时拥有四季。

一年中地球绕太阳的运动

北半球的春季　北半球的冬季　太阳　北半球的夏季　北半球的秋季

十二月：
赤道以南是夏季
赤道以北是冬季
太阳直接照射南半球
间接照射北半球

三月：
赤道以南是秋季
赤道以北是春季
太阳同等的照射
南半球和北半球

六月：
赤道以南是冬季
赤道以北是夏季
太阳直接照射北半球
间接照射南半球

九月：
赤道以南是春季
赤道以北是秋季
太阳同等的照射
南半球和北半球

只有地球有四季更替吗？不是的，火星也是倾斜着身子绕着太阳旋转的，所以，它也有四季更替。

# 日食和月食是光和影的 "魔术"

地球绕着太阳旋转，月球又围绕地球旋转，当它们三者的位置变得很特别的时候，光和影产生了变化，就会发生日食和月食。

## 日食是太阳被吃掉了吗

当月球运动到太阳和地球之间，并和它们位于同一条直线上的时候，月球挡住了部分太阳照射到地球的光，月球的影子笼罩在地球上，位于阴影中的人看不到太阳，就以为太阳被吃掉了，而这种现象就叫日食。如图，位于月球本影处的人，看到的是日全食，位于月球半影处的人，看到的是日偏食。

你挡住我了

本影　半影

日全食　日偏食

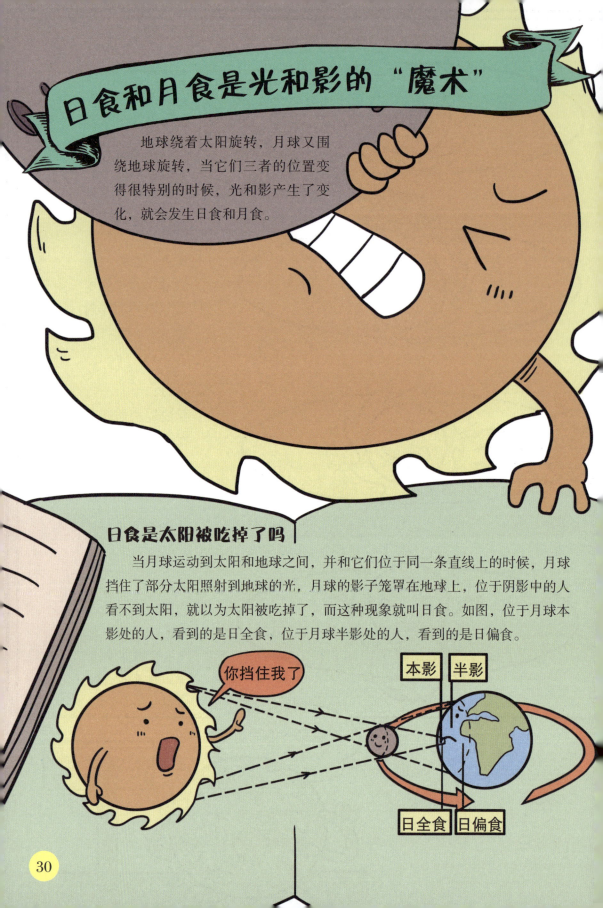

## 月食是月球被吃掉了吗

当月球运动到地球的另一边，地球位于太阳和月球中间且三者处于同一直线的时候，地球挡住了太阳照到月球上的光，地球的影子笼罩在月球上，地球上的人看不到月球，就误以为月球被吃掉了，而这种现象就叫月食。

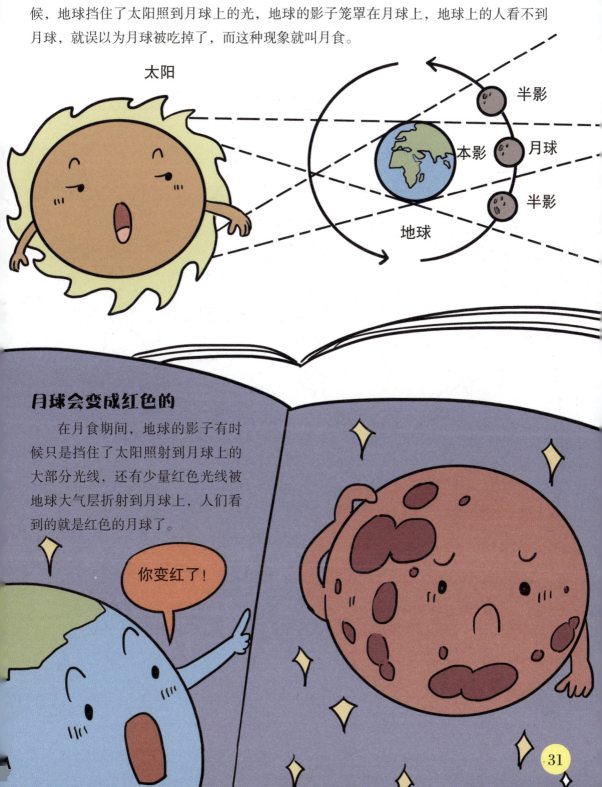

太阳

半影

本影

月球

半影

地球

## 月球会变成红色的

在月食期间，地球的影子有时候只是挡住了太阳照射到月球上的大部分光线，还有少量红色光线被地球大气层折射到月球上，人们看到的就是红色的月球了。

你变红了！

大陆会漂移

现在，整个地球分成了六块大陆，即亚欧大陆、非洲大陆、北美大陆、南美大陆、南极大陆、澳大利亚大陆。其中亚欧大陆最大，是亚洲大陆和欧洲大陆的合称。

亚欧大陆

北美大陆

澳大利亚大陆

非洲大陆

南极大陆

南美大陆

## 六块大陆还在移动吗

六块大陆下面还蕴含着巨大的能量，所以，它们并非静止不动，而是依然在缓慢地移动着。

## 六块大陆是怎么诞生的

地球上的陆地板块是由岩石层断裂而成。起初，这样的陆地板块很多，不过因为地壳下的地幔蕴含大量的能量，不断地躁动着，促进了陆地板块之间的冲击而联结在一起，渐渐构成了面积更大的陆地板块。当陆地板块过于巨大后，又因为板块下面存储了太多地幔的能量而膨胀起来，最终引起火山喷发而分裂开。分裂开的陆地板块经过漂移，渐渐形成了如今的六块大陆。

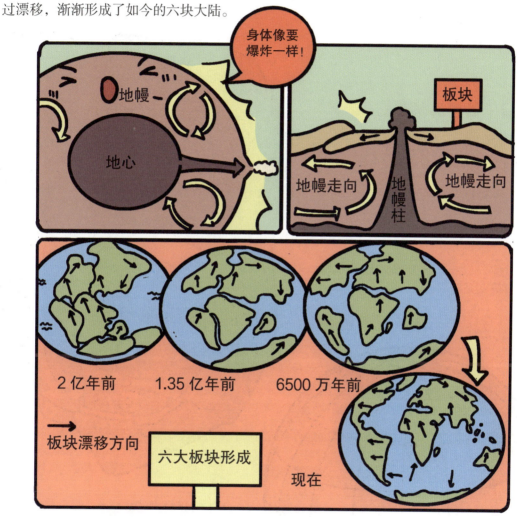

## 一座小岛也是大陆吗

不是。只有面积大于格陵兰岛的陆地，才能称作大陆。

# 你会绘制地图吗

　　为了更好地研究地球，人们按照一定的法则绘制了地图，成功地把地球放进了"图画"里。地图在交通、航海等方面发挥着极其重要的作用。我们现在出行到一个陌生的地方，也常常在手机上查看电子地图，地图真是和我们的生活息息相关。

## 最早的世界地图，世界成了一个圆盘

　　目前已经被发现的最古老地图是巴比伦地图，这张地图是刻画在陶片上的，大概制作于四五千年前。在古代巴比伦人的认知中，世界就像是一个圆盘浮在水面上，四周都是海洋。

经度线

纬度线

## 地图的"坐标"

　　为了给地球上的万物准确的标注位置，地理学家们在地图上标注了经度线和纬度线，它们像一张网，覆盖整个地球表面。一旦知道一个地方的经度和纬度，就可以找到它在地图中的确切位置。

## 这样的"图画"怎么绘制

早期的地图画在石头或丝绸上。

后来古波利尼西亚人在海洋上航行,他们用树枝和贝壳制作地图。

而现代地图通过高科技手段绘制。由飞机和人造卫星拍下图片,

然后将这些图片输入电脑。最后由电脑精确地完成地图绘制工作。

# 地球的"防护罩"

地球外环绕着一层透明的"纱衣"——大气层，它就像地球的防护罩，包围着海洋和陆地，在离地表 2000～16000 千米高空仍有稀薄的气体和基本粒子。

## 防护罩的作用

宇宙危机重重——恒星放射出有害射线，流星等太空碎片会撞向地球，而大气层能有效抵挡这些有害射线和碎片。

有害射线

太空碎片

为了让地球的温度保持在一定的水平，大气让太阳辐射进入，同时阻止大部分热量散失，形成保温效应。不仅如此，我们的生存也依赖大气中的氧气和水分。

## 防护罩的成分

大气中的成分主要是氮气和氧气。氧气主要来自蓝藻，这些微小的蓝藻通过光合作用吸收阳光和原始大气中的二氧化碳，同时将氧气排到大气中。终于在 24.5 亿年前，地球上有了足够多的蓝藻释放出大量氧气，使氧气成为大气的主要成分之一。

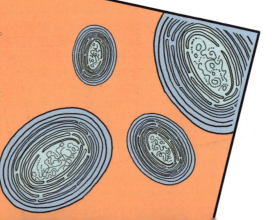

## 防护罩也有分层

受重力牵制，在地表附近大气浓度很高，离地表越远大气越稀薄。我们把大气划分成五层。

外层就是人造卫星环绕地球运行的地方。

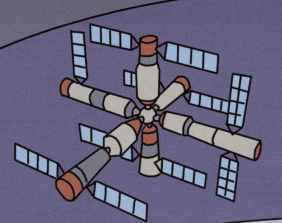

热层是太空正式开始的地方，国际空间站就在这一层环绕地球运行。

中间层是最冷的一层，只有搭乘火箭才能到达。

平流层是最适合飞机在云上飞行的地方，这里有一层重要的气体——臭氧。

对流层是各种天气现象发生的地方。

1000 千米

大气层

# 大气的 "小秘密"

大气层是地球最外部的气体圈层，包围着海洋和陆地，大气层的厚度大约在1000千米以上，但没有明显的界限。我们被大气包围，一刻也不能离开大气，可你了解大气的秘密吗？

## 与恐龙 "同呼吸"

生活在地球上的每个人都离不开空气。因为空气中含有氧气，人体吸入氧气，通过呼气排出二氧化碳，从而完成与外界气体交换，维持人体生命活动。

深吸一口气，你的肺中充满了空气。

空气

肺

你现在呼吸的空气并非是新生的，这些空气从大约几百万年前就存在于地球上了，你很可能曾与一只伶盗龙 "同呼吸"。

那么空气有重量吗？当然有，只不过很轻。如果把包裹在地球外部所有的空气加起来称重的话，大约是6000万亿吨。

地心引力

## 空气也有重量

为什么空气不会散发到大气层之外？道理其实很简单，空气和你、长颈鹿或者石头一样，不会自己跑出地球的，因为存在地心引力。地球对物体引力的大小取决于物体本身的重量，空气是有重量的，我们可以用气压测出来。所谓气压，是大气压强的简称，是作用在单位面积上的大气压力，即等于单位面积上向上延伸到大气上界的垂直空气柱的重量。

1643 年 6 月 20 日，意大利科学家托里拆利进行了一个实验：在一只玻璃管内灌满水银，用手指堵住玻璃管倒插在水银槽里，放开手指，当管内水银液面停止下降时，此时水银液柱与水槽中水平液面的竖直高度差，约为 760 毫米。倾斜玻璃管，管内水银柱的竖直高度不变。也就是大气压跟 760 毫米高的汞柱产生的压强相等。

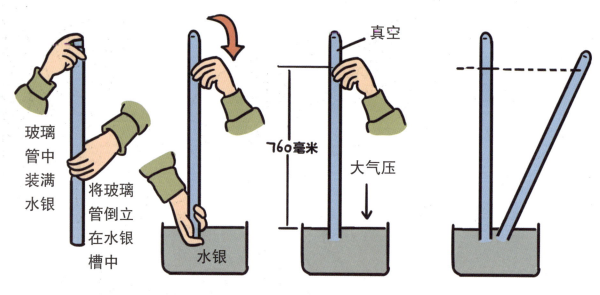

玻璃管中装满水银　将玻璃管倒立在水银槽中　水银　真空　760毫米　大气压

这一新发现同时使托里拆利创立了真空的概念，还发明了世界上第一支水银气压计。

## 天气跟气压有关

在一般情况下，同一地点气压明显升高，即受高压控制时，意味着干冷气流的加强和空气下沉运动的发展，在这种情况下，天气晴好；相反，气压明显下降，即受低压控制时，意味着暖湿气流的加强和空气上升运动的发展，在这种情况下，容易导致降水。

# 天气总是风云多变

在生活中，会出现本来是晴空万里，忽然一阵风吹来，天空顿时布满乌云，接着电闪雷鸣下起暴雨的情况。极端的天气更是可怕，比如，暴雨会淹没道路和房屋，烈日酷暑会导致干旱，暴风雪会阻断交通。所以，摸清老天的"脾气"很重要。

## 太阳是影响天气的"幕后主使"

太阳是各种天气现象形成的主要原因。

受光照影响，不同区域空气冷热不均，空气就会移动，形成风。

热空气　冷空气

太阳加热地球上的水，水以水蒸气的形态上升，冷却后变成小水滴飘浮在空中，形成云。

小水滴不断凝结，就会掉落下来形成雨。

在低温寒冷的天气，这些小水滴还会结晶变成雪。

如温度急剧下降，水滴就可能冻结成冰团，形成冰雹。

## 给老天"把脉"

人们可以通过给老天"把脉"，预测未来天气情况，这就是天气预报。

比如风向袋可以指示风的去向。

用气压计可以测量气压。气压下降，预示可能会有降水。

气压表

气压上升，预示可能出现晴朗干燥的天气。

气压表

# 阳光钻进被子里做了什么

我们盖着被太阳晒过的被子时，会感到无比的松软温暖，心里是满满的幸福感。晒过的被子为什么会有这种效果呢，阳光究竟在被子里做了什么？

人体在睡眠中也会散发出一些汗液，而这些汗液一部分被吸进了被子里。水分会使被子里的纤维挤压在一起，所以被子盖久了会变得硬邦邦的。通过晾晒，被子中水分被蒸发，空气含量增加，使被子的纤维变得舒展蓬松，增加其弹性和保暖能力。这样，我们躺进去就感到松软舒适多了。

阳光吸走了被子里的潮气

## 阳光钻进被子里还能除螨杀菌

被子接受阳光的照射，可以蒸发掉棉絮中的水分，太阳的紫外线还能杀死被子上的螨虫和病菌，减少感冒等流行性疾病的发生。晒被子可增加被褥的使用寿命，且有利于人体健康。

但是要注意，许多人喜欢晒完被子拍一拍，觉得这样做既可去掉灰尘又可使被子更加蓬松柔软。专家表示，这种方法并不科学。如果用力拍打棉絮的话，就会把温热的空气拍出棉絮，使其蓬松度下降。

# 蓝蓝的天上白云飘

　　蓝蓝的天空中，朵朵白云在悠闲地飘荡。这些形状各异的云，是地面上的水蒸气升到高空，遇冷凝结成一个个的小水滴，小水滴集聚在一起而形成的。由于云离地面高度的不同，所以我们看到的云的颜色、形状都有很大的区别。

## 云的形成

　　海洋、河流、植物叶片、土壤里的水分无时无刻不在蒸发，变成水蒸气。

　　随着温度的升高，水蒸气逐渐飘入大气层中。当水蒸气到达大气层遇到低温，就变成了小水滴或者凝结成小冰粒，悬浮在空中。大面积的小水滴和小冰粒聚在一起，就形成了我们看到的云。

## 云为什么能飘在天上

　　一片体积1～2立方千米的云，质量有几吨重，但是由于云的体积非常大，它所受的空气浮力也很大，所以它不会掉下来。

空气浮力

## 云的家族成员

简单来说，天空中的云按出现高度主要分为三个云族：高云族、中云族、低云族。

高云族形成于6000米以上高空，看上去薄薄的，就像棉絮。

中云族处在2500米至6000米的高空。它们是由过度冷冻的小水滴组成的，呈瓦块儿状或水波状，常成群、成行、成波状排列。

低云族是在2500米以下的大气中形成的。包括浓密灰暗的积云和浓密灰暗兼带雨的雨层云等。

当云层变重，向上的气流支撑不住时，云中的小水滴就会变成雨或者雪落下来。

空气浮力

空气浮力

空气浮力

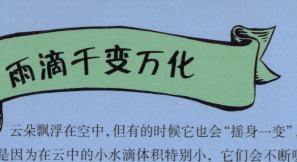

# 雨滴千变万化

云朵飘浮在空中,但有的时候它也会"摇身一变",变成雨或雪降落到地面。这是因为在云中的小水滴体积特别小,它们会不断吸收周围的水气,或者和其他水滴"合体",水滴的体积和重量增大,就从空中落下来了。

## 云中的水滴直径只有0.01 ~ 0.02毫米

地球上的水受到太阳光的照射,就变成水蒸气蒸发到空中,遇冷便凝聚成小水滴。这些小水滴直径只有0.01 ~ 0.02毫米,它们飘浮在空中,慢慢聚集成了云。

### 水滴变雨滴

云中的水滴要变成雨滴降到地面,体积大约要增大100多万倍。水滴增大的方式是靠吸收云体四周的水汽。当云内的水汽含量有限的时候,较小的水滴会被较大的水滴"吞并"。

### 你见过有颜色的雨吗?

雨应该是无色的,但地面上的有色物质被吹到天空,进入有雨的云里和雨滴混在一起,就形成了有颜色的雨。

水滴的体积和重量不断增加，空气再也托不住它时，便从云中直落到地面，成为雨。

如果气温很低，雨滴凝结成冰晶，就成了雪。

1963 年黑龙江省伊春市下过一场黄色的雨，那是黄色的花粉被大风吹到天空后，随着雨水落下的原因。

1979 年广西马山县下过一场黑色的雨，是由于森林刚刚发生过大火，龙卷风把烧焦的灰烬卷到天空，混在雨里造成的。

　　我们抬头看天上的云时，会发现有的云一动不动，有的云却一刻不停地在运动。有的云移动速度很快，急匆匆的样子，还有的云移动速度很慢，很悠闲的样子。难道云也有勤快和懒惰之分吗？

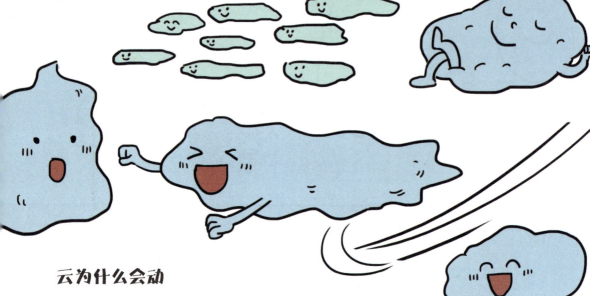

## 云为什么会动

　　云是浮在空中由微细水滴、冰晶聚集形成的物体。空气在空中受地球自转及气压等影响，是不停地流动着的，空气的流动形成风，风就把云吹动了。

## 云的勤快和懒惰是怎么回事

我们在地面看云的移动速度有快有慢，这是由于云在天空飘浮的高度不同而造成的视觉差异。较高的云距离我们远，看起来就感觉移动速度慢。反之，低空中的云距离我们近，我们就感觉它移动速度快。

我们在生活中也经常遇到这种情况。比如，我们坐火车或汽车看窗外的物体时，靠近窗口的，也就是距离我们近的物体移动得快，而远处的物体移动得慢。云移动的快慢，也是这个道理。

# 天公发怒是怎么回事

下大雨的时候，往往会伴随着闪电和雷声，在古代神话中会说这是天公发怒。那么雷电究竟是怎么回事呢？

## "雷电" 的形成

云流动时相互摩擦，或者跟空气摩擦，都会产生静电。云的上部以正电荷为主，下部以负电荷为主，它们之间形成了电位差。

当电位差达到一定程度后，就会产生放电现象，这就是闪电。

放电过程中，温度很高，空气体积急剧膨胀，发出巨大的声响，这就是雷。

## 闪电的威力

闪电的电压很高，当人被闪电击中的一瞬间，电流迅速通过人体并对人体造成伤害，重者可导致死亡。

天空中电闪雷鸣时，我们在室内要注意关闭门窗，关闭家用电器。在室外时，要及时躲避，不要在空旷的野外停留，远离孤立的大树、电线杆等。

## "针"可以降雷？

一场雷电交加的暴风雨中，富兰克林将一只风筝放飞到云中，雷电发生时，金属线末端拴着的钥匙产生了强烈的放电现象。

他受到启发，发明了避雷针，又名接闪器。就是在较高的物体顶端安装铁杆儿，再将其与地面的导体连接，将电流导向地面，从而避免雷电危害。

# 你知道龙卷风的威力有多大吗

　　有一种风能拔起大树、掀翻车辆、摧毁建筑物，它能使成片庄稼、成万株果木瞬间被毁，令交通中断，房屋倒塌，给人畜生命带来致命打击。这种风就是龙卷风。

## 龙卷风的形成

8000 米

　　当地面上的温度约为 30 摄氏度时，8000 米以上的高空温度已降至 -30 摄氏度。

冷空气　热空气

　　这种温度差使高处的冷空气急剧下降，低处的热空气迅速上升。

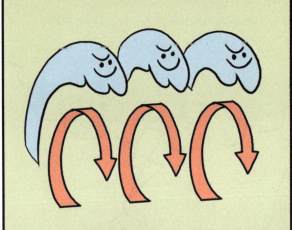

　　上下层空气对流运动的速度过快，从而形成许多小旋涡。

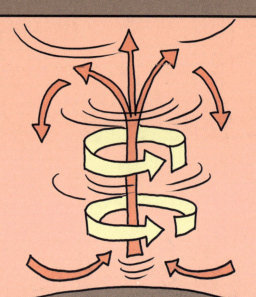

　　这些小旋涡逐渐扩大，形成大旋涡，最后就成为袭击地面或海洋的龙卷风。

## 龙卷风的气象参数

　　龙卷风的速度可达100～175米／秒，超过台风数倍。龙卷风的近地面直径很小，一般直径只有几十到几百米，只在极少数的情况下直径才达一千米。龙卷风从发生到消失一般只有几分钟,最多几小时。

### "龙卷风之乡"在哪里?

　　全球除南极洲以外的大洲都有出现龙卷风的记录。其中美国出现龙卷风的现象最为频繁，被称为"龙卷风之乡"，每年出现龙卷风的次数约占全球出现龙卷风总次数的75%。

# 到世界尽头去看看

一直往北或往南走，你会到"世界的尽头"——北极或南极。极点则是在一根假想轴也就是地轴的两个端点上，位于南北极的中心。

## 长达六个月的白昼或黑夜

地球每24小时自转一周，所以地球上大多数地区会在一天内经历日出和日落。但是在地球的极点，每年只有一次日出和一次日落，也就是说这里的白昼或者黑夜长达六个月。

极昼

北京时间 24:00

极夜

极光

北京时间 10:00

## 极地"秘钥"

在两极地区有众多的"秘钥"，给人类提供难得的信息。比如，研究人员收集到的形成于数万年前的冰芯样本，通过破解冰芯中的气泡，可以判断出地球大气曾经的成分以及温度。

## 不断变化的北极冰盖

北极极点位于北冰洋中,这里的冰盖已经冻结了数百万年。这里是北极熊、海豹和一些鸟类的家园。冬季冰盖因海水结冰而变大,夏季则又会融化变小。

在冬季,冰盖因海水结冰而变大。

夏季冰盖又会融化变小。

## 地球的"冰窖"

南极极点位于南极洲冰冻大陆上,这里十分寒冷,气温低到 -80 摄氏度。即使是最耐寒的企鹅也不会到这里来。这里建立了第一个永久性考察站,并以最早到达南极极点的两个人的名字命名。

阿蒙森

斯科特

南极点标志

# 走，到极地去旅行

如果我们要到极地旅行的话，可以用雪做房子，出行可以采用狗拉雪橇的方式，食物可以找一些肉来解决。当然了，在极地也要规范自己的行为，要爱护这里的一切，不要破坏这里的环境。考虑到极地的寒冷气候，旅行前需要做好充足准备。

## 极地旅行之衣食住行

狗拉雪橇是冰天雪地里远行的好办法，坚强又聪明的爱斯基摩犬是最佳选择。当然，也可以准备滑雪板。此外，你需要准备保暖又能排汗的衣服和厚实保暖的靴子。

在极地，雪是极好的建筑材料，可以保温避寒。因此，旅行中如果遇上暴风雪，可以用雪做一个临时庇护所。

不过，极地实在寒冷，没有人在那里长期生活，只有科学家在那里的考察站工作。

## 极地需要你的保护

在极地冰层之下还有好多资源，如石油、矿产和鱼类等。温室气体排放的增加以及人类对极地资源的开发，使极地的生态环境遭到了一定的破坏。

旅行中要当心被遗弃的塑料瓶和腐烂的垃圾，同时还要注意被石油污染的海岸。为了保护极地环境，有严格的法规限制游客制造垃圾或者打扰极地的野生动物，希望你也能做一个文明的游客。

科学家们的研究表明，人类活动使地球变暖，极地正在从我们眼前消失，希望我们每个人都能爱护环境，保护极地。

# 破解极地"密码"

地球的最南端——南极，有一块大陆，面积约 1400 万平方千米，被称作南极洲；而北极则是一片汪洋，面积约 2100 万平方千米。这南北两端是地球上最寒冷的地方，处处被冰雪覆盖。极地为何这么寒冷，除了冰雪还有其他吗？让我们来破解极地"密码"。

## 寒冷的极地

两极地区都极其寒冷。在南极，冬季平均温度一般在 -40 摄氏度左右。北极稍微暖和点，但也会达到 -30 摄氏度。更糟糕的是，那里常常刮起大风，把积雪吹起来形成暴风雪。

北极

地轴

南极

60
30
0
30
60

60
30
0
30
60

## 极地有沙漠吗

北极是一片冰冷的海洋。海冰厚度约 5 米，巨大的冰块儿可以顺着风和洋流漂流，这些冰块儿就是北极熊狩猎和玩耍的好地方。

南极则是一片广袤的大陆，这里是企鹅的天堂。因为一年平均降水量只有 55 毫米，所以南极算得上是一片干旱的"沙漠"。

极地如此寒冷，是因为地球的表面是弯曲的，阳光只能以大角度照射极地，使得照射在极地上的阳光非常微弱，而且光线在到达地面前，在大气层中就损失了大量的热量。不仅如此，两极的冰雪也会将大部分热量反射回太空。

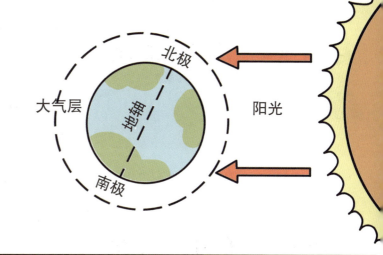

大气层　北极　地轴　南极　阳光

## 大海里能看到冰山吗

极地被厚厚的冰雪覆盖，有些地方冰盖厚达 4000 米。

每年都有成千上万的冰山从光滑的冰盖和冰川上崩离，坠入大海。

冰山体积约 90% 都位于水面之下，这使它很难被发现。

# 看水"七十二变"

如果没有水，地球上就不会有生命。几十亿年来地球上的水一直在循环着，它常以固态、液态和气态这三种形态存在，在太阳的驱动下不断地移动与循环，发生着各种各样的变化，以不同的形态滋养着地球的生命。

固态水　　　液态水　　　气态水

## 蒸发

大气中 90% 的水来自海洋、湖泊和河流。太阳热量把表层水蒸发成水蒸气，随着暖空气一起上升。

阳光

水汽

水汽

地下水

## 蒸腾

大气中 10% 的水来自植物的叶子，植物利用根吸收土壤中的水分，并将一部分水以水蒸气的形式从叶片上的微小气孔排出，这就是水的蒸腾。

## 凝结

水蒸气升到高空后，遇冷会凝结，变成微小的水滴并释放热量。

## 降水

热空气使水滴向上飘荡，大量的水滴会凝聚成云，并以雨、雪、冰雹或雨夹雪的形式返回地表，这些形式统称为降水。

雨水和雪水要么渗入地下，要么流入河流和湖泊，再汇聚到海洋，这样水就进入了再次循环的过程。

河流

湖泊

海洋

而地下水也可以保持几千年不受干扰。

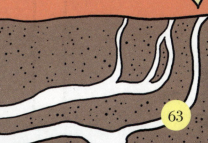

当然也有雪能在山上几百年不融化。

63

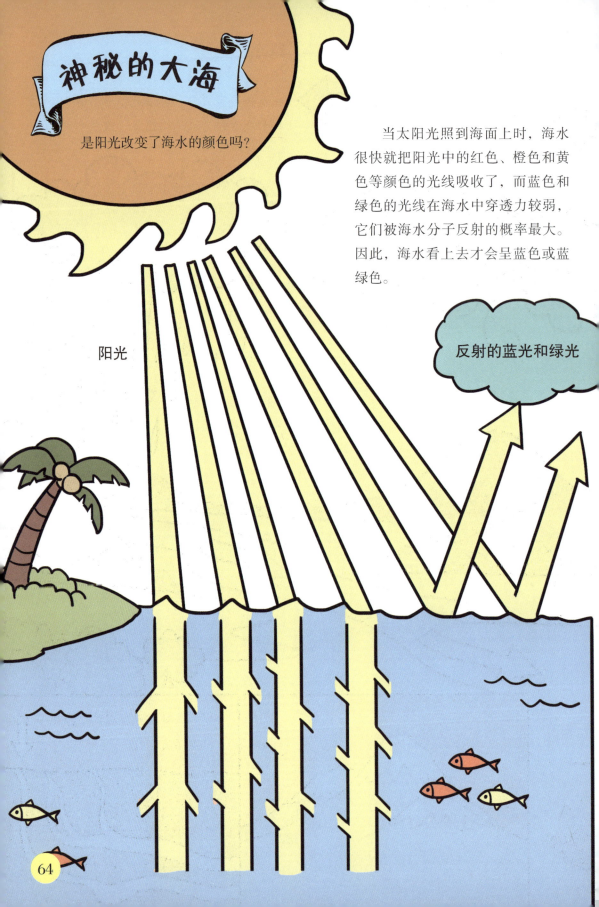

# 神秘的大海

是阳光改变了海水的颜色吗？

当太阳光照到海面上时，海水很快就把阳光中的红色、橙色和黄色等颜色的光线吸收了，而蓝色和绿色的光线在海水中穿透力较弱，它们被海水分子反射的概率最大。因此，海水看上去才会呈蓝色或蓝绿色。

阳光

反射的蓝光和绿光

水循环

空气遇冷变成水滴或者雪花降下

风把气团带上空中

水从海洋中蒸发

地表水经过河道流入大海

地下水流向

地下水归流大海

马里亚纳海沟

11034 米

### 大海的最深处藏着海沟

　　在大海的最深处，藏着世界上最壮观的地貌之一——海沟。目前全世界海底发现的海沟约有 30 条，深度超过一万米的海沟有 6 条，都在环太平洋地区。最深的海沟是太平洋西部的马里亚纳海沟，最深处达 11034 米。

65

# 咸咸的海水

## 海水中究竟有多少盐

　　海水为什么尝起来那么咸呢？这是因为海水中含有大量的盐分，据测定，海水中的盐含量大约是 3.5%。

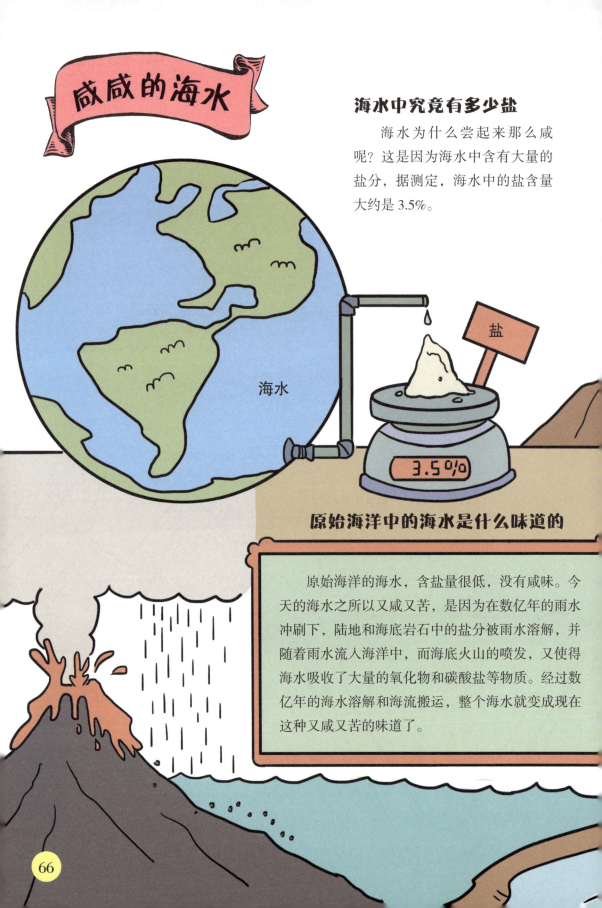

海水

盐

3.5%

## 原始海洋中的海水是什么味道的

　　原始海洋的海水，含盐量很低，没有咸味。今天的海水之所以又咸又苦，是因为在数亿年的雨水冲刷下，陆地和海底岩石中的盐分被雨水溶解，并随着雨水流入海洋中，而海底火山的喷发，又使得海水吸收了大量的氧化物和碳酸盐等物质。经过数亿年的海水溶解和海流搬运，整个海水就变成现在这种又咸又苦的味道了。

## 死海竟然淹不死人

这是为什么呢？一般海水的含盐量大约是 3.5%，而死海的含盐量在 23% ~ 30%，含盐量高导致水的密度升高，当水的密度高于人体密度时，人就会漂浮在水面上。不过，含盐量太高也导致死海周围寸草不生，死海水中鱼虾不存。这也是死海名字的由来。

## 死海不是海

死海的名字上虽然有一个海字，但它并不是海，而是一个咸水湖。死海的湖岸是地球上已露出陆地的最低点，有"世界的肚脐"之称。

# 为什么说海洋是生命的摇篮

现如今，地球上生活着数不清的生命，但是，你们知道地球上的生命是怎么诞生的吗？生命最早的发源地又在哪里？下面，就让我们揭开生命诞生的谜底吧！

原始生命是怎么诞生的呢？原来，原始海洋在火山、雷电、太阳紫外线以及高温高压的作用下，水里的有机物被聚合成多种氨基酸，而氨基酸进一步合成蛋白质。蛋白质和其他的多糖类以及高分子脂类，在一定条件下就孕育出了最原始的生命。

地球上最原始的生命形态很简单，一个没有细胞核的细胞就是一个生命体，这样的生命体我们叫它们原核生物，它们靠细胞表面直接吸收周围环境中的养料来维持生命。这些圆形的、弧形的、杆形的原核生物，又经过了上亿年的进化，逐渐演变成为原始的单细胞藻类。

原始的单细胞藻类的繁殖以及光合作用，产生了氧气和二氧化碳，为高级生命的出现提供了条件。后来，原始的单细胞藻类又经历亿万年的进化，产生了原始水母、海绵、三叶虫、鹦鹉螺、蛤类和珊瑚虫等。它们有的早已经灭绝，有的至今还生存在这个世界上。

# 海浪与风有关吗

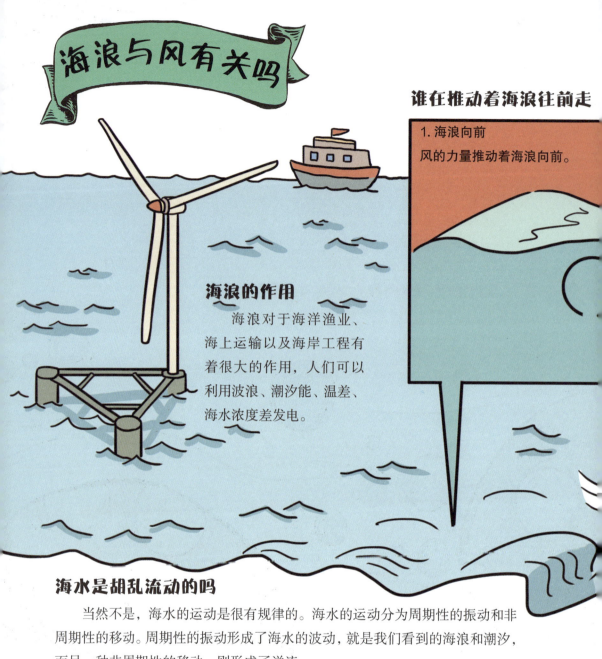

## 谁在推动着海浪往前走

1. 海浪向前
风的力量推动着海浪向前。

### 海浪的作用

　　海浪对于海洋渔业、海上运输以及海岸工程有着很大的作用，人们可以利用波浪、潮汐能、温差、海水浓度差发电。

## 海水是胡乱流动的吗

　　当然不是，海水的运动是很有规律的。海水的运动分为周期性的振动和非周期性的移动。周期性的振动形成了海水的波动，就是我们看到的海浪和潮汐，而另一种非周期性的移动，则形成了洋流。

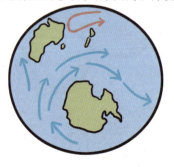

洋流 箭头表示海水流动的方向。　　　蓝色：寒流。红色：暖流。

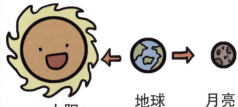

**太阳**　　**地球**　　**月亮**

潮汐是海洋受到太阳和月球的引力作用而引起的海水涨落现象。每当太阳、地球和月球的位置处于一条直线上时，就会出现大潮。

**2. 继续向前**
在靠近海岸的地方，海浪的运动路径由圆形被挤压成了扁圆形。

**3. 消失在岸边**
海浪的表面变得很不稳定。当海浪拍打到海滩上时，就会消散。

　　我们通常所说的海浪是指阵风吹过海面时，对局部海区产生作用力，使得海面变形而形成的波浪。

71

# 深海生物知多少

过去，人们总以为深海环境险恶，高压、无光、缺少食物，不能有生物存活。随着科技的发展，人们在探索深海的时候才发现，在海洋深处生活着多种鱼类、甲壳类和软体动物。深海不是一片寂静，而是一个令人叹为观止的世界。

## 自备"灯笼"的鮟鱇鱼

鮟鱇鱼头上的小灯笼之所以会发光，是因为在灯笼内具有腺细胞，能够分泌光素，光素在光素酶的催化下，与氧进行缓慢的化学氧化而发光的。

深海龙鱼

深海龙鱼主要分布于温带和热带海洋的深水海域，是一种凶恶的捕食者。它有一个大头，有大量又长又尖的牙齿。

## 自身能发光的深海大嘴鱼

生活在深海漆黑环境中的鱼类，不仅嘴大，而且大多自备发光器官。海洋动物发出的光与太阳光、火光等是完全不同的，它没有热量，在科学上被称为冷光。冷光的发光效率高，光色也更柔和。

太平洋桶眼鱼

深海鱿鱼

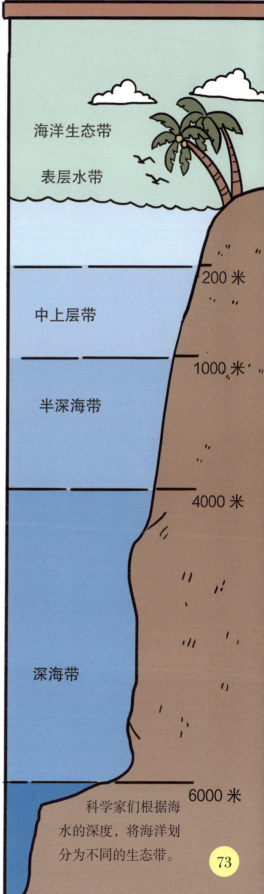

海洋生态带

表层水带

200 米

中上层带

1000 米

半深海带

4000 米

深海带

6000 米

科学家们根据海水的深度，将海洋划分为不同的生态带。

# 河川是改造地球的"工匠"

地球上存在各种高山、长河、峡谷，其中很多并不是地球形成之初就有的，而是在河川这一伟大"工匠"的作用下，经历了上万甚至几亿年的时间不断被侵蚀、搬运或切削而成。

珠穆朗玛峰

马特洪峰

## 被冰山切削而成的高峰

世界最高山峰珠穆朗玛峰呈巨型金字塔状，位于阿尔卑斯山脉的马特洪峰的山顶形如尖尖的椎体，它们都是由山脊和峭壁之间分布的冰川经过漫长的岁月切削而成。

## 是谁"飞流直下三千尺"

安赫尔瀑布从高 979 米的山上倾泻而下，是世界上落差第一大的瀑布。水落下时产生的水雾，让人感觉犹如身处仙境。

安赫尔瀑布

美国大峡谷

## 河流可以刻凿出峡谷

科罗拉多河日夜奔流，有时开山劈道，有时让路回流，经过几百万年的侵蚀，在科罗拉多高原上刻凿出一条世界上最长的峡谷之———美国大峡谷。

## 世界最长河流是尼罗河

尼罗河位于非洲，与中非地区的刚果河以及西非地区的尼日尔河并列非洲最大的三个河流系统。尼罗河长6670 千米，是世界上最长的河流。

尼罗河

将一桶水放到太阳直射的地方，很快水温就会升高，但是流动的河水即使在夏天也是冰凉的，人把手伸进去，就像伸进了冰箱里，这是为什么呢？

# 河水是自然的冰箱

人们将染过色的纺织物放到河水里清洗掉残留在织物上的胶水，颜色更鲜亮。

一些人将瓜果等食物泡在河水中来保鲜。

## 河水冰凉的秘密

河水是流动的，不易储存热量，再加上河水很多源自很深的地下冒出来的冰冷的水，所以就算是夏天，河水也是冰凉的。

将河水引流到田地里，灌溉庄稼。

在河水里反复清洗荞麦的种子，可以去除其中的涩味，制作出更加甜美的冷荞麦面。

# 神秘的亚马孙河

亚马孙河位于南美洲北部，是世界上平均流量最大、流域面积最广、支流最多的河流。同时，它也是世界上仅次于尼罗河的第二长河。

伊基托斯

马瑙斯

亚马孙河的入海口呈巨大的喇叭状，海潮进入这一喇叭口之后不断受到挤压而抬升成潮头，一般潮头高1~2米，大潮时可达5米，非常震撼。每到大潮时节，游客们都会争相前往观赏。近年来，还有不少游客在河中冲浪。

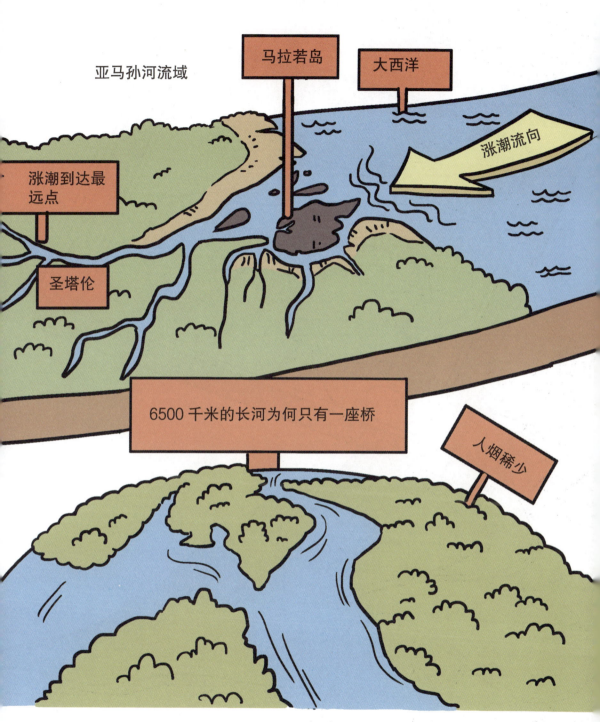

亚马孙河流域

马拉若岛

大西洋

涨潮流向

涨潮到达最远点

圣塔伦

6500 千米的长河为何只有一座桥

人烟稀少

　　亚马孙河全长约 6500 千米，可整条河上只有一座桥，这是为什么呢？原来，亚马孙河河流中有很多的漂浮植被和沉积物，一到雨季，它们很容易将造好的桥冲毁。另外，亚马孙河流域人烟稀少，几乎没有主要的连接点，人们通过乘船和飞机就能到达目的地，对桥梁自然就没有迫切的需要了。

# 牛轭湖为什么长得像牛轭

牛轭湖又叫河迹湖，形似农民使用的农具——牛轭，主要分布在河流众多的平原地区，它的形成与河流密不可分。

## 河流变"曲流"会形成牛轭湖

平原地区流淌的河流，遇到障碍物就会绕过去，从而形成弯弯曲曲的"曲流"。而曲流会将岸边的土地冲刷掉，使得曲度越来越大。随着日积月累的冲刷，曲流慢慢地形成环流。沙子、石头聚集在环流的口子处，逐渐将环流与原来的主河流分开，就形成了像牛轭一样的湖泊，即牛轭湖。

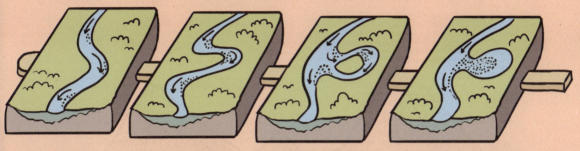

流经平原的河逐渐弯曲，形成"曲流"。

河水冲走曲流外缘的土地，使曲度增加。

经过千百年后，曲流可能自己发展成为环流。

沙砾堆积在环流颈部，形成一个独立的牛轭湖。

## 占据世界三个"第一"的亚马孙河

亚马孙河是世界上平均流量最大、流域面积最广、支流最多的河流。它蜿蜒在南美大陆，一部分河流变"曲流"后与主河流分开，形成了无数个牛轭湖。

亚马孙河

# 什么是冰川湖泊

冰川湖泊是指冰川由于外力侵蚀作用而形成的湖泊。巨大的冰川由于重力作用向下滑行，它在滑动的过程中，会将地表侵蚀出很多洼地，冰川融化后，冰水就会注入洼地，形成冰川湖泊。比如"千湖之国"芬兰，大多都是冰川湖泊。

**芬兰的冰川湖泊**

芬兰是一个拥有约 18 万个湖泊的国家，湖泊的面积能占到全国总面积的 10%。

1.冰川在山谷中缓慢地流淌着。

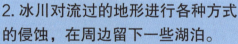

2.冰川对流过的地形进行各种方式的侵蚀，在周边留下一些湖泊。

3.冰川流动中夹带着不少的泥沙和碎石，这些沙石会逐渐堆积起来。

4.冰川堆积物堵塞河川或冰川，形成冰川湖。

## 塞马湖在哪里

　　塞马湖是芬兰最大的湖泊，也是欧洲第四大自然淡水湖泊，它由大大小小的湖泊构成，如同迷宫一般。

塞马湖

### 蛇丘的形成

　　蛇丘其实是一种冰水堆积而成的地貌。在冰川融化的过程中，融化的水形成了湖泊，而冰川内部的沙、砾石与漂砾则堆积了起来，在长久的岁月中形成了长且窄的蛇丘。

# 人类的潜水史

对于人类而言，大海一直是神秘莫测之地。从前，人们在水下只能停留很短的时间，随着科技的进步，聪明的人们开始制造各种适合水下活动的用具。于是，便出现了各种潜水装置。

## 海女与海士

早在 2000 多年前，日本就出现了名为"海女"和"海士"的古老职业，他们是指不戴辅助呼吸装置，潜入海底捕捞龙虾、扇贝、鲍鱼等海产品的女性和男性。

84

## 潜水头巾

很早以前，人们就学会利用工具进行潜水活动了。他们会在头上戴一个潜水头巾，头巾上连着一个长长的软管直通水面，以便在水下换气。

## 潜水球

16世纪，意大利人发明了一种木质的球形潜水器，它为后期的潜水器提供了重要的设计思路。

## 木桶潜水器

18世纪初期，英国人制造出了一种奇异的木桶潜水器。潜水员可以从木桶正面的窗口进行观察，还可以把双手伸出桶外进行水下作业。

## 潜水服

19世纪制造出了水面气泵式潜水服。

## 现代潜水器

现代潜水器已经能深入到海平面1万米以下的深处，去探索海底世界。

# 大森林和小树林

你知道吗？森林不但可以制造出氧气，吸收二氧化碳，还可以帮助地球"呼吸"。它们能帮助地球拦截、吸附和过滤各种有害气体，它们对地球的作用就像肺对人体的作用一样大！有了它们的帮助，地球才能清清爽爽，人类才能幸福地生活在这个星球上，称它们"地球之肺"名副其实。

有害气体

## 小树林也有大作用

别看小树林没有大森林那么大的面积，可是，当暴雨来临时，它们不仅能够帮助土壤牢牢站在原地，避免雨水冲刷地表导致土壤流失，还能过滤水中的细菌。此外，树林还具有降低噪声、维持生态平衡、美化环境、调节气候等方面的作用。由此可见，国家大力号召植树造林是有道理的。

## 谁把沙漠变成了绿洲

陆地上约有三分之一的面积都被沙漠覆盖着，千百年来，人们都在为改善地球环境做着努力。中国北部的库布齐沙漠变绿洲，便是中国人创造的奇迹之一。1988年，第一棵树种在了库布奇沙漠里，经过二十多年的不懈努力，了无生机的沙漠变得绿意盎然、生机勃勃。

# 大地骨架——山脉

我们脚踩着大地，头顶着蓝天，目之所及的远方，耸立着一座座巍峨的高山。这些成行成列的群山，山势起起伏伏，向一定方向延展，好像脉络一样，被称为山脉。山脉往往排列有序、脉络分明，素有"大地骨架"之称。

## 山脉是如何形成的

地表下的岩石是一层一层的，称作地层。地层未受到压力时，呈水平状叠加在一起。在地壳运动的压力下，地层被巨大的压力挤得变形，当地壳被巨大的褶皱推起，或是受板块运动影响而出现断层时，就会形成山脉。

隆起褶皱

向斜褶皱

倒转褶皱

裂谷

断层

断块山

**向下沉陷**

　　这是一条裂谷。当地壳上两个长长的断层之间的一块地面沉陷之后，就会形成裂谷。

**向上隆起**

　　地面被地壳运动挤压之后，就会出现许多的褶皱，这些褶皱通常会形成山脉。

**山地的构成**

　　山地是地球上最壮丽的景观之一。它峰岭连绵、沟谷纵横，自然环境多姿多彩。按山的高度可分为高山、中山和低山。山地是大陆的基本地形，分布十分广泛。

# 喜马拉雅山脉为什么是"无根之山"

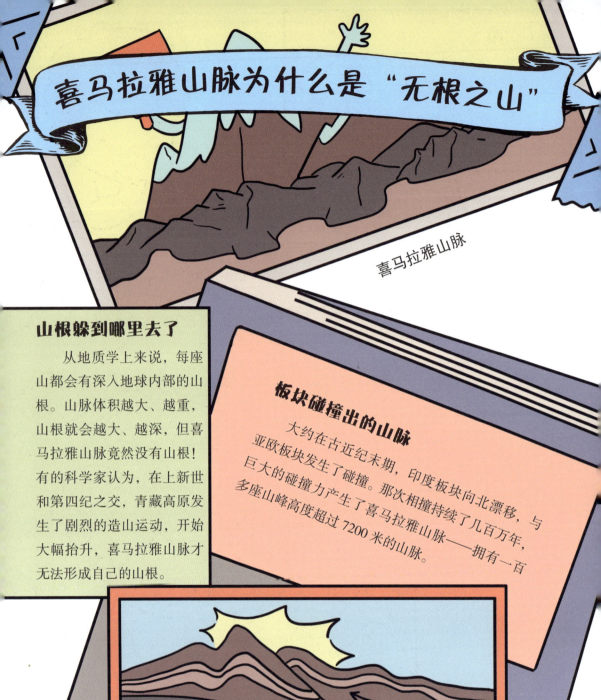

喜马拉雅山脉

## 山根躲到哪里去了

从地质学上来说，每座山都会有深入地球内部的山根。山脉体积越大、越重，山根就会越大、越深，但喜马拉雅山脉竟然没有山根！有的科学家认为，在上新世和第四纪之交，青藏高原发生了剧烈的造山运动，开始大幅抬升，喜马拉雅山脉才无法形成自己的山根。

## 板块碰撞出的山脉

大约在古近纪末期，印度板块向北漂移，与亚欧板块发生了碰撞。那次相撞持续了几百万年，巨大的碰撞力产生了喜马拉雅山脉——拥有一百多座山峰高度超过 7200 米的山脉。

喜马拉雅最高峰

印度板块在喜马拉雅山脉之下滑动

花岗岩和变质岩裂片沿平缓倾斜的断层抬升

印度板块顶部的主断层

板块碰撞：巨大的断层线沿着喜马拉雅山脉的南缘延伸，断层朝着北方最高峰之下缓缓倾斜。

| 喜马拉雅山脉 | |
| --- | --- |
| 位置 | 青藏高原南缘 |
| 年龄 | 5500 万年 |
| 长度 | 2500 千米 |
| 构造 | 陆—陆碰撞 |

高峰：
1. 珠穆朗玛峰　8848.86 米
2. 乔戈里峰　8611 米
3. 干城章嘉峰　8586 米
4. 洛子峰　8516 米
5. 马卡鲁峰　8463 米

## 阿巴拉契亚山脉的形成

　　最初，阿巴拉契亚山脉的形成与外力的挤压有关，地球自转速度的变化而造成的水平挤压、地壳向赤道方向的挤压、地壳受力不均造成的扭曲，三种外力相结合，就形成了各种走向的山脉。后来，由于气候、流水以及冰川的侵蚀冲刷，它变成了现在的阿巴拉契亚山脉，由于地壳运动的持续，它还在不间断地抬升中。

阿巴拉契亚山脉

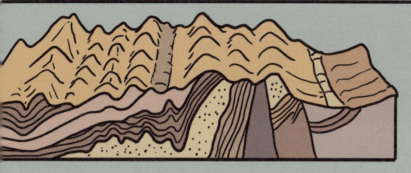

5亿年前，大陆分裂，然后又往回漂移，相互撞击所形成的碰撞力使地壳隆起褶皱，演变成类似今日的阿尔卑斯山脉。

在冰、霜、雪、雨的侵蚀下，软岩石层被侵蚀，裸露出了与原来褶皱相似的基岩地貌。

至今，侵蚀的力量仍在打磨着阿巴拉契亚山脉，使山脊变得平缓，高原变得平整，峡谷变得宽阔。

通过观察现在植物生长的海拔高度，地质学家们就能估算出化石中的植物原本生长的海拔，从而确定山脉海拔的变化。

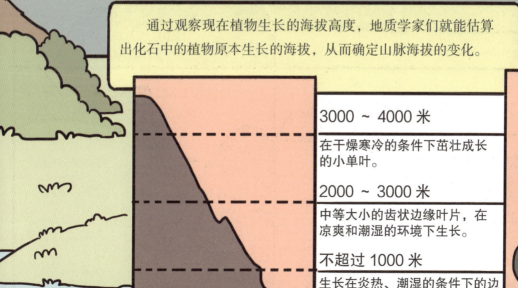

3000 ~ 4000 米

在干燥寒冷的条件下苗壮成长的小单叶。

2000 ~ 3000 米

中等大小的齿状边缘叶片，在凉爽和潮湿的环境下生长。

不超过 1000 米

生长在炎热、潮湿的条件下的边缘光滑有"滴水尖"的大叶。

# 世界最高峰是如何测量的

## 什么是山峰的绝对高度

当我们说到一座山的高度时都会加上"海拔"二字。比如说世界最高峰珠穆朗玛峰海拔 8848.86 米，世界第二高峰乔戈里峰海拔 8611 米。意思是测量山的垂直高度是从海平面算起的，山峰的海拔高度又叫作绝对高度，珠穆朗玛峰被称为世界第一高峰，就是看的绝对高度。

## 奇特的测量方法

从山脚到山顶的高度被称为相对高度，山峰的相对高度都是要小于海拔高度的，这也是迪纳利峰挑战珠穆朗玛峰的信心来源。

海底测量法测出的高度其实也不尽相同，因为大海深度不是完全相同的，不同海域测量出的海拔自然也不相同。

以地心作为测量参照的方法最为奇特。从这个角度看，珠穆朗玛峰就不是世界最高峰了，排名一下落到了第五名！可地球不是一个标准的球体，而是一个两极略扁，赤道略鼓的类似椭圆形的球体。由此可见，这样的测量法也是不准确的。

# 活的地质史教科书——美国大峡谷

美国大峡谷从顶部至谷底，沿壁裸露着从新生代到寒武纪各期的系列岩系，岩层色调各异，并含有各地质时期代表性的生物化石，记录了这里近20亿年来几乎全部的地质变迁史。故有"活的地质史教科书"之称。

# 被凿出来的大峡谷

昔日的科罗拉多河

凯巴布高原

凯巴布高原

科罗拉多河

凯巴布高原

大峡谷

科罗拉多河

1. 凯巴布高原在 6500 万年前就开始隆起，渐渐高出它周围的地区，科罗拉多河夜以继日地冲刷着高原。

2. 凯巴布高原不断地隆起，科罗拉多河也不停地调整着自己的流域，最后形成了科罗拉多河现在的河道。

3. 在科罗拉多河的不断冲刷下，再加上太阳、风雨冰雪和植物的根做侵蚀的"帮凶"，被"欺负"了千百万年的高原，生生被一条河凿出了一片大峡谷。

## 峡谷的邻居叫"桌子山"

千百万年来，科罗拉多高原一直是大峡谷不离不弃的好邻居，这位好邻居属于典型的"桌状高地"，也被称为"桌子山"，即顶部平坦侧面陡峭的山。这种平台形大山和堡垒状小山环绕着大峡谷，形成了举世闻名的自然奇观。

峡谷

桌子山

# 雪花的威力有多大

**小雪花推动大石头**

　　很难想象这块巨大的石头是如何被一片片雪花堆积而成的冰川冲积到此处的，它孤零零地矗立着，诉说着雪花们的巨大威力。

## 小雪花塑造"U"形谷

　　当你看到类似于这样的峡谷时，你就能从它的"U"字形辨认出这里曾经充斥着来自冰川的冰块。

## 一片雪花的华丽变身

　　冰川源起于一片片小小的雪花，是寒冷气候条件下的产物，它就像是一条巨大的冰河一样。当雪花不停地聚积，堆到一定的厚度时，就会像河流一样，沿着地表斜坡或山谷向下移动，从而形成冰川。

# 令人意外的冰川世界

冰川是大自然馈赠给人类的礼物，冰雪里封印着千万年才能形成的美丽风景。一起来看看宛如蓝水晶般梦幻的冰川世界吧！

冰裂缝

冰川体

冰塔林

冰舌

冰碛湖

## 粒雪盆

　　冰川上部是为冰川提供冰雪来源的盆状地形，这里一年的平均气温在0摄氏度以下，降雪量大。

## 冰舌

　　冰川体前段叫作冰舌，冰舌前面是没有积雪的山谷，背后是长长的冰川。

## 南极冰盖

　　南极洲地面几乎全部被厚厚的冰雪覆盖着，是世界上最大的冰川，被称为南极冰盖。它是地球上最大的淡水资源，也是地球上继海洋之后最大的天然水库。

南极大陆边缘　南极冰盖　海洋包围着南极洲

南极冰山

## 冰塔林

　　冰塔林地处冰舌区，是冰雪消融过程中形成的晶莹剔透的自然景观。

## 奇幻冰世界

　　冰舌前端气温开始慢慢升高，冰川不断地溶解。溶解较慢的冰体慢慢形成了多姿多彩、晶莹剔透的冰世界，这个梦幻美丽的世界里有各种形状的冰洞、冰塔和冰蘑菇等特殊景观。

## 瓦特纳冰原

　　瓦特纳冰原地处冰岛，它不仅是冰岛的第一大冰川，还是欧洲体积最大的冰原，世界排名第三。

101

# 地下为什么能挖出水

## 水井的小秘密

自来水没有普及之前，人们大多饮用水井里的水。有的地方，挖井挖上三五米深便能挖出水来，有的地方，水井却会打上二三十米深。这两种类型的井水，前者更加适合灌溉，后者才比较适合饮用。灌溉的井水属于地表水，能饮用的井水则属于浅层地下水。

地下水

## 地表水和地下水

地表水是指存在于地壳表面，暴露于大气的水，主要有河流、冰川、湖泊、沼泽四种水体。

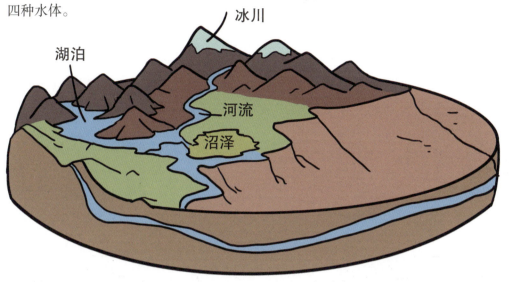

湖泊　冰川　河流　沼泽

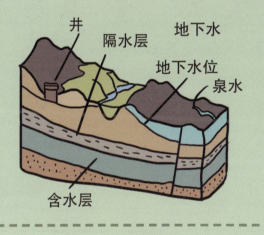

井　隔水层　地下水　地下水位　泉水　含水层

地下水是指埋藏和流动于地面以下不同深度含水层中的水，包括存在于地表以下岩土的孔隙、裂隙和洞穴中的水。

沙漠干旱无比，水资源非常稀缺，但有些沙漠里却隐藏着巨大的地下水库，它们由雨水和沙漠河流的补给形成，深藏于沙漠底部。撒哈拉沙漠的地下水库就有大约15万立方米的水。在风力的侵蚀下，水库上的岩石层被剥蚀开来，地下水裸露出来，会形成一片生机勃勃的绿洲。

# 神秘洞穴大探索

## 洞穴可以通向哪里

　　洞穴在人们的心目中，一直是个充满神秘的区域，多数人不敢轻易进入。其实，洞穴只是位于地球表面之下自然形成的空间而已。

## 洞穴变峡谷

　　当洞穴的顶部塌落到洞穴地下时，最底部的河流就会冲刷而过，从而形成峡谷。

石灰岩洞是可溶性岩石中因喀斯特作用所形成的地下空间，洞内有千姿百态、各具特色的石笋和钟乳石以及千奇百怪的奇异景观，素有"地下画廊"之称。

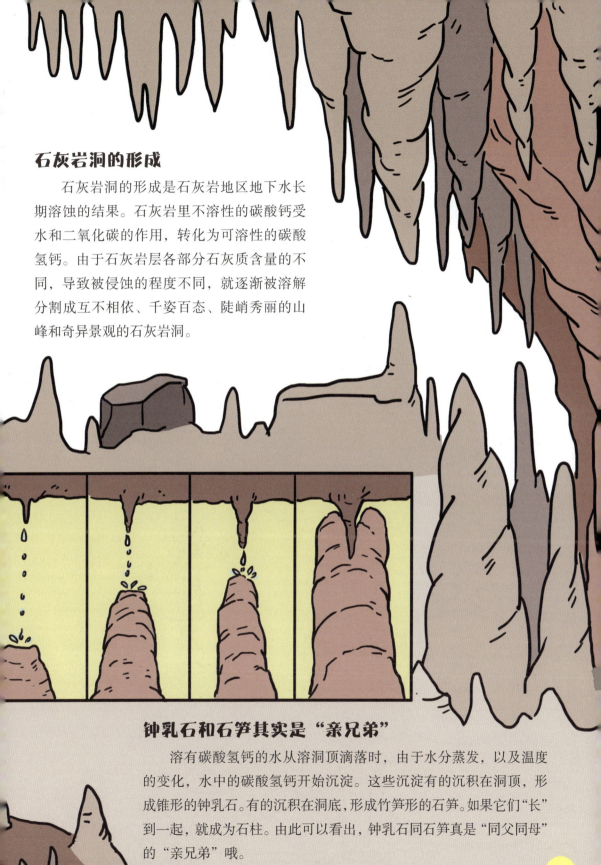

## 石灰岩洞的形成

石灰岩洞的形成是石灰岩地区地下水长期溶蚀的结果。石灰岩里不溶性的碳酸钙受水和二氧化碳的作用，转化为可溶性的碳酸氢钙。由于石灰岩层各部分石灰质含量的不同，导致被侵蚀的程度不同，就逐渐被溶解分割成互不相依、千姿百态、陡峭秀丽的山峰和奇异景观的石灰岩洞。

## 钟乳石和石笋其实是"亲兄弟"

溶有碳酸氢钙的水从溶洞顶滴落时，由于水分蒸发，以及温度的变化，水中的碳酸氢钙开始沉淀。这些沉淀有的沉积在洞顶，形成锥形的钟乳石。有的沉积在洞底，形成竹笋形的石笋。如果它们"长"到一起，就成为石柱。由此可以看出，钟乳石同石笋真是"同父同母"的"亲兄弟"哦。

# 沙漠里可以堆雪人吗

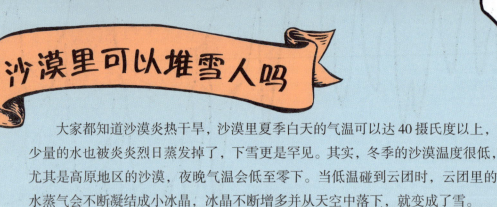

　　大家都知道沙漠炎热干旱，沙漠里夏季白天的气温可以达40摄氏度以上，少量的水也被炎炎烈日蒸发掉了，下雪更是罕见。其实，冬季的沙漠温度很低，尤其是高原地区的沙漠，夜晚气温会低至零下。当低温碰到云团时，云团里的水蒸气会不断凝结成小冰晶，冰晶不断增多并从天空中落下，就变成了雪。

撒哈拉沙漠 2018 年当地时间 1 月 7 日出现过一次降雪。据悉，此次降雪最深处积雪有 40 厘米，在一天内便融化。这也是当地 40 年来第三次降雪。

塔克拉玛干沙漠，位于新疆塔里木盆地中心，是中国最大的沙漠，同时还是世界第二大流动性沙漠。每当进入冬季，这里的平均气温为 -4 摄氏度，平均蒸发量却高达 2500 ~ 3400 毫米，如果遇到强烈冷空气袭击，便会出现降雪奇观。

由此可见，生活在沙漠地区的孩子，如果运气好的话也可以堆雪人呢。

# 沙丘是如何形成的

沙丘是"种子"长出来的。所谓"种子"就是一堆小鹅卵石、一丛灌木，或是沙漠表面稍不规则的地方。当风吹过沙漠的"种子区"时，卷起的沙粒会落下来积在一起，就成了沙丘。沙越积越多，沙丘也越"长"越大。

## 沙丘家族

沙丘家族的成员很多，但主要有三大类：

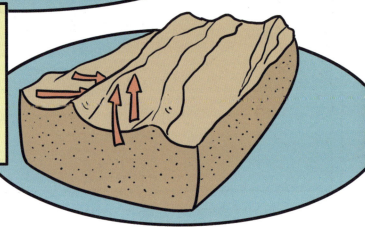

新月形沙丘，又称横向沙丘。沙丘两侧有顺风向前延伸的两个尖角，高度一般在数米至十余米。

纵向沙垄。沙丘形态的走向与风向基本一致（一般小于30°）。长条状分布，最长达数十千米，高约数十米，宽数百米。沙源丰富时形成复合型纵向沙垄。

在长时期的多风向风沙流的作用下，山前或地形较复杂的地区可形成金字塔沙丘、蜂窝状沙丘等。

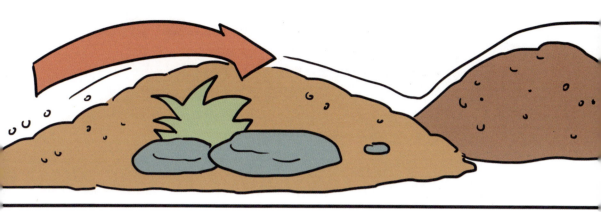

## 不老实的沙丘

　　沙丘形成后并不甘于待在原地，而是不断运动。它们有两种运动方式，第一种是通过跳跃的方式，风把沙粒刮起，吹移一段距离后再落下。 第二种，跳跃的沙粒再一次碰撞地面，并借助冲击力将别的沙粒推向前进，这种运动称作"表层蠕动"。

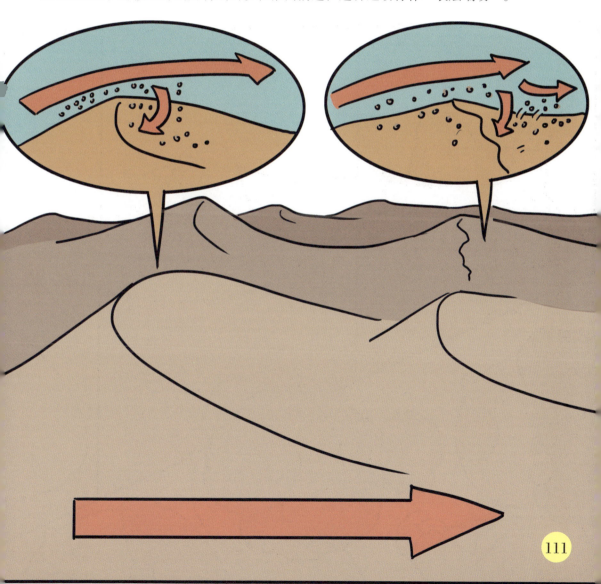

# 撒哈拉大沙漠是风刮来的

地球上南北纬 15°~35° 之间，有许多世界上著名的大沙漠，如非洲的撒哈拉大沙漠，澳大利亚的维多利亚大沙漠。这些大沙漠形成的一个重要原因，就是这里处于信风带。信风是从副热带高气压带吹向赤道低气压带的定向风，受信风影响的区域一般降水稀少，空气干燥，容易形成沙漠。

## 风是沙子的搬运工

沙漠形成的过程就是"机械风化"的过程。指岩石在白天随着气温升高达到 40~50 摄氏度，体积急剧膨胀。到了晚上温度可降到 0 摄氏度以下，岩石开始冷却并收缩。久而久之，岩石出现了裂隙，由大块变成了小块，又变成砂，由砂变为沙粒。

风

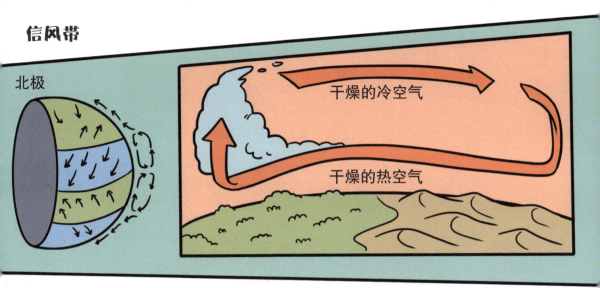

北极

干燥的冷空气

干燥的热空气

那些被吹跑的沙粒在风力减弱或遇到障碍时堆成许多沙丘，当很多沙丘连成一片时，就成了沙漠。

## 风加速了沙漠的扩张

沙漠形成的过程也是其不断扩张的过程。沙漠中的尘土被风吹得很高很远，较粗的沙子在风大时扬起，风小时又落下来，形成一个个沙丘，顺着风向缓慢地移动。在内蒙古和陕甘宁一带，一般沙丘每年前进 5 米，快的达 15 ~ 20 米。

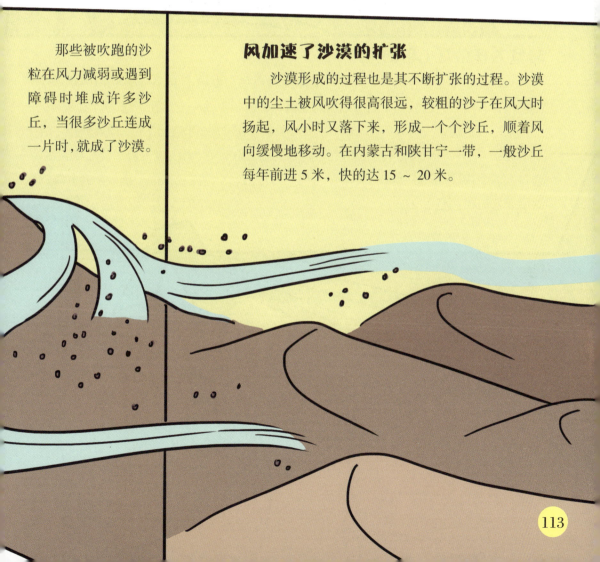

# 牛顿发现了 "七色彩虹"

夏天雨后，天空往往会出现美丽的彩虹。很久以前，人们认为光的本色是白色，彩虹是光的折射及反射，也有人认为彩虹是三色或者五色的。到后来，牛顿通过实验得出彩虹是七色的结论。

## 彩虹为什么是七色的

太阳光是不是白色的，彩虹究竟有多少种颜色？牛顿于 1666 年，利用一块玻璃三棱镜，开始研究色散现象。他把房间弄暗，在窗板上钻一个小孔，让适当的太阳光照进来。再把棱镜放在太阳光入口处，于是太阳光被折射到对面墙上，他就获得了展开的光谱。牛顿看到墙上有彩色的光带，共有红、橙、黄、绿、蓝、靛、紫七种颜色。通过实验，牛顿发现了太阳光并不是白色，而是由这七种颜色组成。把太阳光分解，这就是彩虹的颜色。

## 晚上也有可能出现彩虹

阳光的照耀可以出现彩虹，其实月光也可以形成彩虹。由月光折射产生的彩虹叫月虹，又称晚虹，这是一种非常罕见的现象，只有在月光强烈的晚上才有可能出现。

# 如果整个地球变成一块冰

在电影中，我们看到过地球失去太阳照耀，成了白茫茫的冰冻世界。其实，地球还真有过被冰冻的时代，并且出现过三次。被冻起来的地球，会是怎样的呢？

哪些生物是"抗冻大王"

当温度达到 -40 摄氏度，有很多动物和植物还是可以忍受寒冷，正常生存的。麝牛有非常厚的皮毛，海狮有很厚的脂肪，这些动物都具有抗严寒的能力。一些植物也有抗严寒的能力，比如北极罂粟能自己收集热量。

当温度达到 -70 摄氏度，有厚厚的皮毛、羽毛或者脂肪的动物还是可以忍受的。比如驯鹿、企鹅和南极贼鸥。

当气温达到 -90 摄氏度，这个时候大部分动物就无法呼吸了。不过，还是有微生物可以生存的。

## -100 摄氏度的时候，人类该怎样生存

想在 -100 摄氏度生存的话，首先需要可以在水下呼吸的器官，然后要有非常暖和的羽毛。并且，还需要自己产生能量和氧气。人类具备这些条件几乎是不可能的哦。所以，如果气温达到了 -100 摄氏度，人类就无法生存了。

# 天气预报有时也会"开玩笑"吗

我们有时会遇到天气预报明明说天气晴朗，可第二天我们出行却突降暴雨，有时候又恰恰相反的情况。天气预报这是怎么了，难道是在跟我们"开玩笑"吗?

## 原因一：气象科学还是个孩子

建立在现代科学基础上的天气预报只有100多年的历史，有一些运算技术只有几十年的时间。所以，气象科学年龄小技术不成熟，难免会犯错误。

## 原因二：有无数只"蝴蝶的翅膀"

有一个著名的混沌学理论，叫作"蝴蝶效应"，说的是一只蝴蝶在巴西上空扇动翅膀，可能在美国得克萨斯州引起一场风暴。天气预报就是这样，任何一点的数据空白或失误，都有可能导致预报不准确。

美国得克萨斯州

巴西

## 原因三：

## 天气有时候是个"两面人"

人们常用"东边日出西边雨"来形容天气的局部差异。在地形比较复杂的地区，一个范围很小的区域中有时候也可能出现完全不同的天气。天气预报只能"从大局出发"，无法表述那么复杂的天气变化。

所以，天气预报不可能做到完全正确，有时候"开个玩笑"也是在所难免的。

# 掀起月亮的盖头来

月亮，是地球的卫星，并且是太阳系中第五大的卫星。从古诗词到民间传说，都有月亮的影子。那上面究竟有没有嫦娥？有没有玉兔？月亮究竟藏了多少秘密？

## 月亮是地球的"孩子"

有一种说法是，地球被一个跟火星般大小的天体撞击过。天体被撞击破裂，大量物质飞离地球，通过相互吸引而结合起来，形成月球。由此表明，45亿年来月球也一直伴随着自己的母亲，共同经历了漫长而荒古的年代。

月球

## 看看月球长啥样

　　月球本身并不发光，我们看到的其实是它反射的太阳光。

　　月球直径大约是地球的四分之一，质量大约是地球的八十一分之一。月球上没有空气，表面昼夜的温差很大。白天，月球表面在阳光垂直照射的地方温度高达 127 摄氏度；夜晚，其表面温度可降低到 −183 摄氏度。

夜晚

白天

## 骗人的"月海"

　　我们用肉眼可以看到月球表面明暗不同，明亮的部分是山脉，暗部是平原或盆地等低陷地带。早期的天文学家认为发暗的部分有水存在，因此把它们称为"月海"，实际上月球表面根本没有水。

# 地球为什么有这么多"孩子"

目前人类已知的有生命存在的星球只有地球。太阳系有这么多的行星，为什么只有地球上存在生命，地球妈妈是靠什么拥有了这么多的"孩子"呢?

## 1. 宇宙给予的条件，地球保持了和太阳最恰当的距离

咱们都知道，太阳是生命能量之源。可是，离太阳的距离太近，温度太高，离太阳的距离太远，温度就会很低。而地球和太阳保持了最恰当的距离，不仅让地球拥有了水，还拥有了空气等动植物所需的能量。

## 2. 地球自身的条件，拥有适合生命存在的最好环境

放眼宇宙，我们赖以生存的地球拥有完美的四季，地球外还环绕着一层大气层，它保护着地球生命的生存环境，让生物在适宜的环境下得以繁衍发展。

## 3. 生物进化的选择，造就了现在的人类

自然灾害让统治地球的恐龙灭绝，也给哺乳类带来了机会，而自从灵长类迅速进化以来，人类凭借超高的智慧以及其他物种所没有的情感，迅速成为万物之灵。

万物之灵

# 第一个绘地图的人是谁

地图真是和我们的生活息息相关。可是，发明地图的人又是谁呢？

目前已经被发现的最古老地图是巴比伦地图，这张地图是刻画在陶片上的，大概制作于四五千年前。在当时古代巴比伦人的头脑中，世界就像是一个圆盘，浮在水面上，四周都是海洋。

托勒密的世界地图，是世界上第一幅以俯瞰视角创作出来的地图

## 中国现存最早的世界地图

中国现存最早的世界地图，是成图于明朝初年的《大明混一图》。这幅地图长 3.86 米，宽 4.56 米，以大明王朝版图为中心，东起日本，西达欧洲，南括爪哇，北至蒙古。此图是一件国宝级的珍贵文物，现藏于中国第一历史档案馆。

# 想不想造个玩具 "地球"

工具和材料：皮球、画笔、彩纸、剪刀、旧地球仪支架或铁丝、胶水。

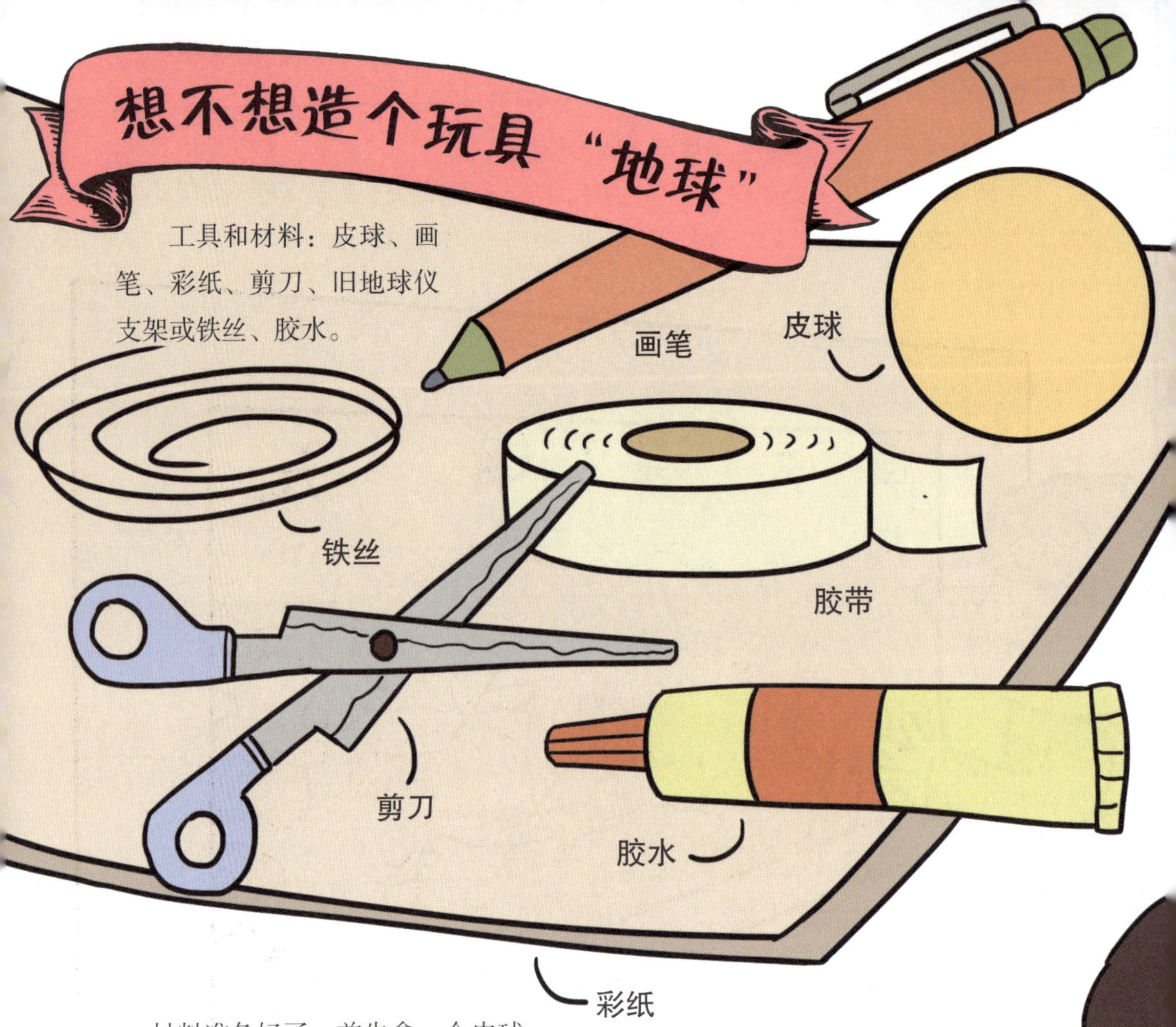

画笔

皮球

铁丝

胶带

剪刀

胶水

彩纸

材料准备好了，首先拿一个皮球，画上必要的线和点，比如赤道、南纬、北纬、极点、本初子午线和 180 度经线等。注意画线要用两支不同颜色的画笔，如用红色笔在皮球中部画一个圆圈作为赤道，用蓝色笔画出本初子午线。

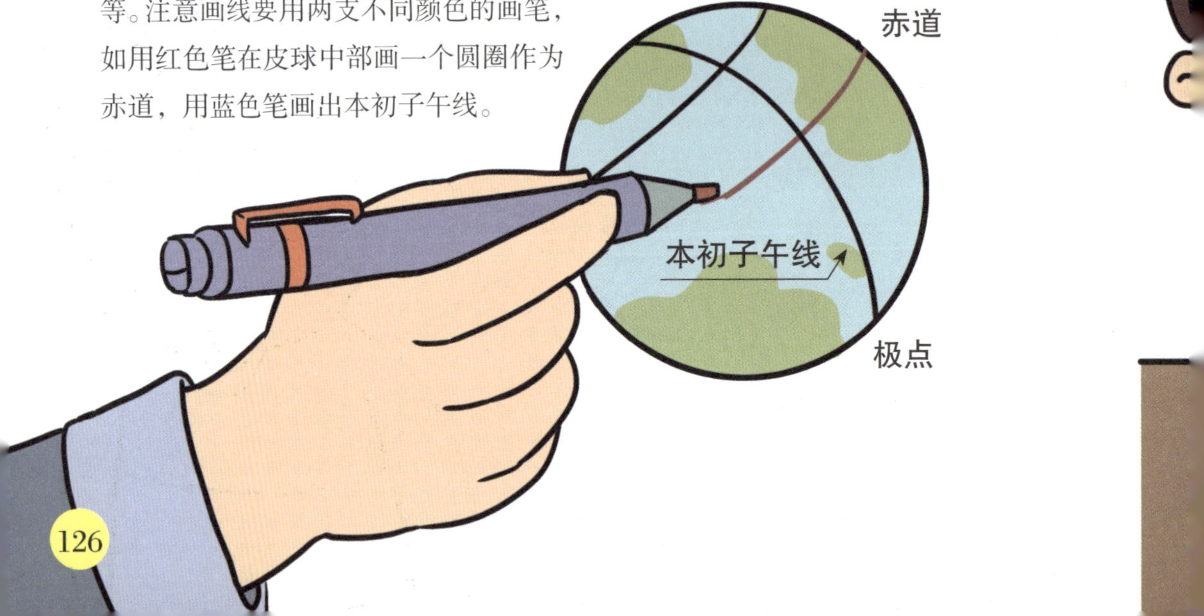

赤道

本初子午线

极点

用画笔在的彩纸画出各个大洲的形状，写上相应的名字。将各个大洲按经纬度用胶水粘在确定的位置上。

然后开始制作地球仪的支架。如果有旧地球仪支架可以直接利用，如果没有，最简单的方法就是用铁丝，折成一个地球仪支架的形状。

做好后，我们开始安装地球仪。我们要在两极极点上扎个洞，地球上是没这个洞的，不过我们制作的地球要固定在支架上，还是要用到的。这样，地球仪的球就算是做好了。

最后把支架穿进球内，调整好支架的外观，一个简单的地球仪就算是做好了。

大家看看自己亲手制作的小地球，喜不喜欢呢？

127